Saulo Barbará e Jorge de Abreu Soares (Orgs.)
Ana Lucia Borba

JCL e Utilitários do Sistema Operacional z/OS

JCL e Utilitários do Sistema Operacional z/OS

Editor: Paulo André P. Marques
Supervisão Editorial: Aline Vieira Marques
Copidesque: Luciana Nogueira
Capa: Paulo Vermelho
Diagramação: Abreu's System
Assistente Editorial: Vanessa Motta

FICHA CATALOGRÁFICA

BARBARÁ, Saulo; ABREU, Jorge de; BORBA, Ana Lucia.
JCL e Utilitários do Sistema Operacional z/OS
Rio de Janeiro: Editora Ciência Moderna Ltda., 2011

1. Informática.
I — Título

ISBN: 978-85-7393-990-3 CDD 001.642

Editora Ciência Moderna Ltda.
R. Alice Figueiredo, 46 – Riachuelo
Rio de Janeiro, RJ – Brasil CEP: 20.950-150
Tel: (21) 2201-6662 / Fax: (21) 2201-6896
LCM@LCM.COM.BR
WWW.LCM.COM.BR

01/11

Dedicatória

Dedico esta conquista aos meus pais, meus eternos incentivadores, ao meu marido por todo apoio e compreensão pelo tempo dele subtraído e ao meu filho de quem tenho tanto orgulho e que sempre me incentiva com seu entusiasmo.

Ana Lucia Borba

Agradecimentos

Agradeço ao professor Saulo Barbará pela oportunidade, e por ter me cobrado tantas vezes a execução deste projeto.

Ana Lucia Borba

Nossos agradecimentos ao Luiz Tosta de Sá, Sr. Certified zSeries FTSS IBM Brasil, pela leitura atenta, sugestões de melhorias e revisão do presente livro.

Saulo Barbará e Jorge de Abreu Soares

Organizadores e Autores

Organizadores

O presente livro faz parte de uma série de trabalhos sobre mainframes a ser publicada no Brasil, um dos produtos do Curso de Pós-graduação em Suporte Tecnológico para Mainframe do Centro Universitário da Cidade do Rio de Janeiro (UniverCidade), em parceria com a IBM Brasil. O principal objetivo da série é facilitar o acesso, em português, ao material sobre mainframes em nível introdutório abordando os conceitos e fundamentos de disciplinas correlatas ao tema.

Saulo Barbará de Oliveira

Administrador de Empresas, analista de sistemas e professor. Doutor em Engenharia de Produção pela COPPE-UFRJ. Professor da Fundação Getúlio Vargas (convidado) da Universidade Estácio de Sá e do Centro Universitário da Cidade do Rio de Janeiro em cursos de Graduação e Pós-graduação de Administração e Tecnologia de Informação. Membro do Laboratório de Sistemas Avançados da Gestão da Produção (UFRJ/COPPE/SAGE). Especialista em TI, gestão de processos e sistemas de garantia da qualidade. saulobarbara@gmail.com

Jorge de Abreu Soares

Bacharel em Informática, Mestre e Doutor em Engenharia de Sistemas e Computação pela Universidade Federal do Rio de Janeiro. Atualmente é professor da Universidade do Estado do Rio de Janeiro - UERJ e do Centro Federal de Educação Tecnológica Celso Suckow da Fonseca - CEFET/RJ. Tem experiência na área de Ciência da Computação, com ênfase em Banco de Dados e Inteligência Computacional, atuando principalmente nos seguintes temas: bancos de dados, mineração de dados, e inteligência computacional. jorge@pobox.com

A Autora

Ana Lucia Borba

Analista de Suporte de Sistemas e professora. Bacharel em Matemática pela Universidade Federal Fluminense e Mestre em Engenharia de Sistemas pelo Instituto Militar de Engenharia do Rio de Janeiro. Larga experiência na área de Sistemas Operacionais, hoje atuando mais diretamente com CICS/TS. Professora convidada do curso de Pós-graduação em Suporte Tecnológico para Mainframes da UniverCidade. e-mails: albs05@gmail.com e ana.borba.univercidade@gmail.com

Prefácio

JCL e Utilitários do Sistema Operacional z/OS. Mais um livro da Série Mainframes.

Depois da retirada estratégica dos fornecedores de mainframe da área de treinamento, com a desativação total ou parcial dos seus centros de treinamento de clientes, na segunda metade da década de 1990, surgiu uma lacuna no mercado educacional, o que contribuiu para dificultar a formação de técnicos da área de mainframes.

Com o aparecimento e posterior expansão da microinformática, as universidades se preparam para oferecer cursos de graduação e de extensão de pós-graduação para a baixa plataforma. Porém, no caso da alta arquitetura, isto não aconteceu. Apenas, recentemente, com o apoio dos fornecedores de grande porte, foi que começaram a surgir os primeiros cursos técnicos desta área, mas ainda em nível de extensão ou pós-graduação. Ou seja, as universidades ainda não assumiram a missão de oferecer cursos de graduação para a área dos mainframes.

Os computadores de grande porte estão voltando a ocupar posição de destaque nas discussões dos profissionais de Tecnologia de Informação e Comunicação (TIC) e nos ambientes acadêmico e empresarial. Atualmente, boa parte das soluções de Tecnologia de Informação e Comunicação vem da combinação do uso de ambas as arquiteturas. Há, no entanto, casos em que a microinformática é a melhor opção de escolha, bem como em outros apenas a alta arquitetura pode resolver (neste último caso, principalmente aquelas que demandam aplicações com alta confiabilidade e disponibilidade).

A carência de formação de profissionais para a área de computadores de grande porte tem criado problemas para a área de TIC. Como também, uma vez que os mainframes são pouco conhecidos, não despertam a atenção dos profissionais para as oportunidades de carreira desta área. E, embora representem oportunidades de trabalho com a percepção de melhores salários do que a área de microinformática, poucos são os indivíduos que atentam para esta realidade de mercado.

Ciente deste problema, o Centro Universitário da Cidade - UniverCidade, em parceria com a IBM do Brasil, lançou em maio de 2008 o curso de Pós-graduação em Suporte Tecnológico para Mainframes, uma iniciativa pioneira na América Latina, cujo objetivo é preparar profissionais para atuarem nesta área tão carente de técnicos especializados, bem como criar espaço para divulgação e promoção desta arquitetura.

Dessa forma, além do curso que se encontra em pleno andamento, outro produto desta iniciativa pioneira é a publicação da Série Mainframes, material especializado para suprir a carência de literatura desta área no idioma português. *JCL e Utilitários do Sistema Operacional z/OS* é o segundo livro desta Série (o primeiro foi: *Introdução à Arquitetura de Mainframes e ao Sistema Operacional z/OS*) e que os organizadores da obra, a autora do livro e a Editora Ciência Moderna têm o prazer de oferecer ao público interessado: alunos, professores, pesquisadores e profissionais desta área.

Saulo Barbará de Oliveira e Jorge de Abreu Soares

Rio de Janeiro, Janeiro de 2009.

Apresentação

Busquei no Aurélio definições sobre "utilidade". Aquela que mais me chamou atenção foi: "capacidade de um bem de satisfazer as necessidades ou desejos humanos". Imediatamente pensei numa xícara de café com leite e nos pedacinhos de queijo que busquei na geladeira há alguns minutos. Café com leite e queijo foram exatamente úteis, estavam ali, cumprindo sua missão a tempo e a hora em que foram solicitados para me ajudar a pensar e lembrar ...

Entrei na IBM em 2 de janeiro de 1990. Naquela terça-feira, um grupo de quarenta novos estagiários iniciava o curso de treinamento da antiga Diretoria de Informática da IBM Brasil, que desenvolvia soluções internas.

Logo após breves explicações sobre etiqueta corporativa e sobre as datas de pagamento da "bolsa de estágio", nos foi apresentada a agenda de treinamento em sala de aula para os próximos quarenta e tantos dias úteis. Estávamos em plenas férias na universidade e teríamos aulas até depois da quarta-feira de cinzas. Contudo o primeiro emprego na famosa IBM empolgava a turma.

Os *slides* apresentavam-se, todos, em inglês, mas, para minha sorte, as aulas eram explicadas em português claro e direto. Os professores foram selecionados entre os profissionais que mais conheciam de cada assunto.

Beatriz Friedman foi a instrutora de JCL. Bia era ruiva, jovem, magra, nariz fino com aquela "ferrugem" na pele, nos olhava por sobre seus óculos de lentes quase invisíveis. Em suas primeiras palavras, em tom baixo, tranquilizou-nos ao dizer que o JCL fora criado há mais de 20 anos e era simples. Tinha apenas quatro comandos ou linhas: JOB, EXEC, DD e comentários; assim, todo o resto era composto de parâmetros. Aceitei com felicidade, e ao final do curso eu fazia a prova de JCL. Saí confiante por causa da boa nota.

Conheci o real poder do JCL e dos utilitários do sistema operacional dois anos depois. Recém-promovido à analista de sistemas, eu jantava em um restaurante em Botafogo, no Rio de Janeiro. Horas antes, eu submetera à execução, via JCL, a sequência de programas do novo sistema que calcularia e pagaria os salários de todos os funcionários, estagiários, pensionistas e dependentes constantes na folha de pagamento da IBM Brasil. Logo após a chegada do meu prato, apesar de apetitoso, perdi completamente a fome, resultante de horas de trabalho ininterruptas. Percebi que havia comandado a execução dos programas de pagamento sem antes executar a "rodada" de aumentos mensais. Esta rodada corrigiria a hiperinflação, que comia grande parte dos salários. Na época, isto significava a perda de 40% ao mês. Para se ter uma idéia do problema, a inflação acumulada em 1991 foi de 480,2%.

Voltei para a sala de operadores. Descobri que o Mainframe havia terminado a folha de pagamento rapidamente e aguardava para enviar os arquivos de pagamento para os bancos via EDI (*Eletronic Data Interchange*). Eu quase não respirava e via meu primeiro emprego com as horas contadas.

Solicitei ao operador de plantão o imediato bloqueio da execução dos "JOBs" de envio aos bancos. Utilizando o TSO (ver Capítulo 1 – O TSO permite ao usuário trabalhar interativamente) e o ISPF (Capítulo 2 - Apresenta uma série de menus), e acessamos o utilitário SDSF (Capítulo 3 - Permite exibir os serviços ativos no Sistema, os usuários de TSO, jobs em filas do sistema, saída de jobs) para verificar a situação dos "JOBs" ainda na fila para execução e os bloqueamos.

A partir daí, montamos um plano para retornar os dados no DB2 para a posição exata ao momento anterior à rodada de pagamento. Neste ponto, retornaríamos ao trilho correto da folha de pagamento.

Toda sequência foi feita através dos utilitários do sistema operacional. Pelo SDSF, verificamos que programas haviam executado, a que horas haviam começado, e definimos assim a hora exata para a qual queríamos retornar o banco de dados DB2. Preparamos com o editor do TSO (Capítulo 2.2) uma sequência de controle de execuções de programas de recuperação usando a linguagem JCL (Capítulo 4 – Diretivas para o computador rodar um ou mais programas, chamados de "lotes"). Usando os parâmetros do JCL, determinamos a restauração do banco de dados para data e hora definidas, e condicionamos a execução dos próximos programas ao sucesso de seu antecessor, assim executamos os aumentos salariais corretamente e em seguida rodamos os programas de pagamento e envio aos bancos.

Não é preciso dizer-lhes que tudo ocorreu corretamente e em tempo. Desde então aprendi a respeitar e valorizar o uso correto das ferramentas do sistema operacional.

Voltando à época atual, tenho a oportunidade de trabalhar com equipes por toda a América Latina. Vivencio o desenvolvimento e implantação dos mais importantes projetos de "integração empresarial" que são suportados pela tecnologia da informação. Eles aderem à arquitetura orientada a serviços (SOA: (www.ibm.com/developerworks/webservices/newto/).

O alvo final em "SOA" é a vantagem competitiva, melhor qualidade e maior capacidade trazidas pela agilidade da integração de processos empresariais, que ultrapassam fronteiras funcionais de clientes, parceiros e fornecedores. Nesta área, BPL (*Business*

Process Language) torna-se a linguagem padrão para definição de processos de negócios, e ela, sem dúvida, necessita da robustez, estabilidade e segurança proporcionadas pelos utilitários do mainframe, que são apresentados neste excelente livro. Através do JCL e outras ferramentas do Mainframe, a arquitetura SOA tem oportunidade de integrar regras de negócio que regem mais 80% das transações financeiras do mundo. Sob a batuta do JCL, outras milhares de aplicações residentes em Mainframes, que nos facilitam a vida no dia-a-dia, como telefonia, sistemas de distribuição, elétricos, de água e gás ou sistemas especializados de passagens aéreas ou de aplicação de políticas sociais, têm estendidas sua funcionalidade e lógica de negócios, para além de seus escopos iniciais. A fronteira atual dos utilitários e a lógica de negócios existentes é a *Internet*, que atende toda a cadeia produtiva e de consumo.

Reencontrei neste trabalho dos professores Ana Borba (autora do livro), Saulo Barbará e Jorge Soares (organizadores da Série Mainframes) a vitalidade, leveza e clareza de explicação. Parabenizo-os pela seleção de figuras que ilustram este livro. Sua existência permite fácil acesso para esclarecer dúvidas através do índice de figuras. Saúdo também a completitude trazida pela bibliografia básica e referências que finalizam a obra.

Ressalto a importância do assunto a todos os profissionais que buscam oportunidades no próspero mercado profissional de tecnologia na área de mainframe. Este livro torna-se imediatamente uma importante referência em língua portuguesa. Seu benefício vai além do conteúdo, pois atua também na redução do ciclo de aprendizado para criação de novos profissionais de mainframe no mercado luso-brasileiro.

Novamente parabenizo a autora e os organizadores da presente obra e desejo sucesso a todos que dedicam seu tempo ao estudo da tecnologia e do Mainframe.

Marcos Senna
Mainframe New Work Load Manager,
IBM Latin America IOT.

Sumário

Lista de Figuras

1

TSO Conceitos e Recursos

1.1 Histórico

Há pouco tempo a conexão entre o usuário e o TSO era feita através de terminais 3270 (os chamados terminais *"burros"*) que hoje, na grande maioria das instalações foram substituídos por micros rodando um programa emulador de terminal 3270 (p.ex.: PCOMM, EXTRA, etc).

1.2 Definições

O TSO (Time Sharing Options) é um dos elementos básicos do Sistema Operacional dos Mainframes IBM. Ele permite ao usuário trabalhar interativamente de duas formas diferentes:

- através do ISPF;
- através das linhas de comando.

O ISPF (Interactive System Productivity Facility) é um produto que permite a criação de menus e telas no ambiente TSO.

O ISPF/PDF (ISPF/Program Development Facility) é um conjunto de menus e telas desenvolvidas em ISPF e que facilitam a interação com o TSO.

O TSO implementa o acesso compartilhado ao sistema. É o "servidor de logon". O TSO interage com o VTAM (método de acesso de telecomunicações) para se comunicar com a rede de terminais. O TCAS (Terminal Control Address Space) recebe o logon da rede e autentica o usuário.

Para cada logon, um novo Address Space é criado.

A figura 1-1 nos apresenta um usuário se logando no TSO enquanto outros já estão logados e trabalhando interativamente.

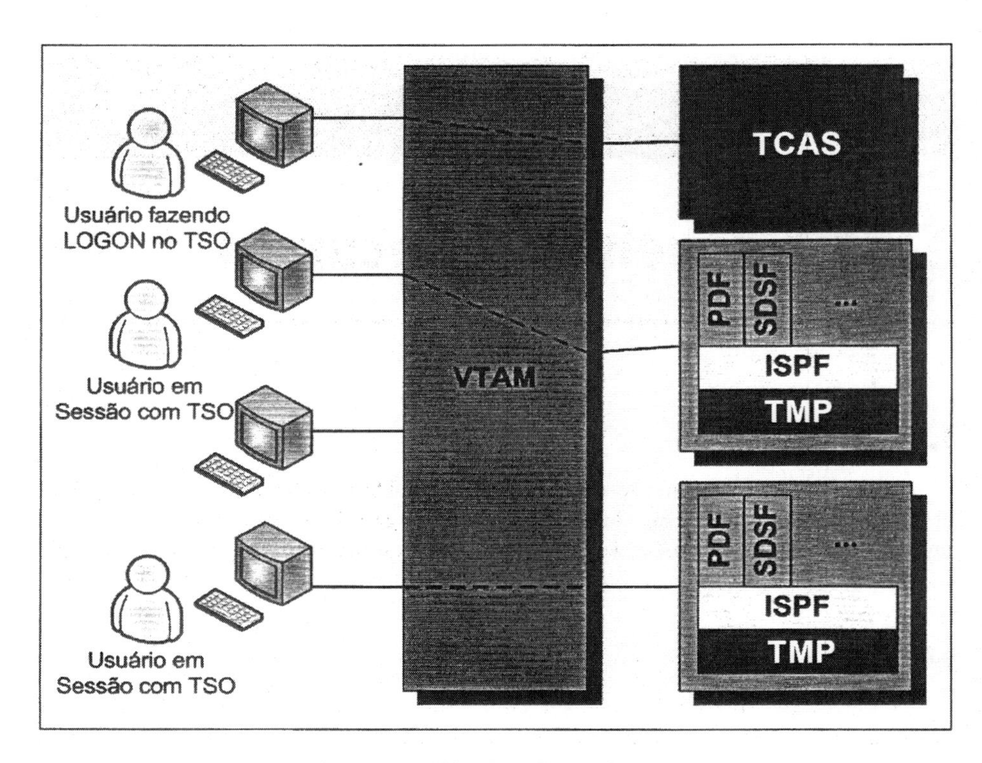

Figura 1-1 TSO – Time Sharing Options

1.3 Logon e Logoff

Para fazer um logon no TSO o usuário precisa de uma identificação pessoal e uma senha.

Normalmente nos referenciamos a esta identificação como *userid*. Na maioria das instalações IBM o *userid* é administrado pelo RACF (produto de Segurança), e assim como a senha segue regras específicas de cada instalação.

Os comandos necessários para chegarmos à tela de logon também são dependentes de customizações da instalação.

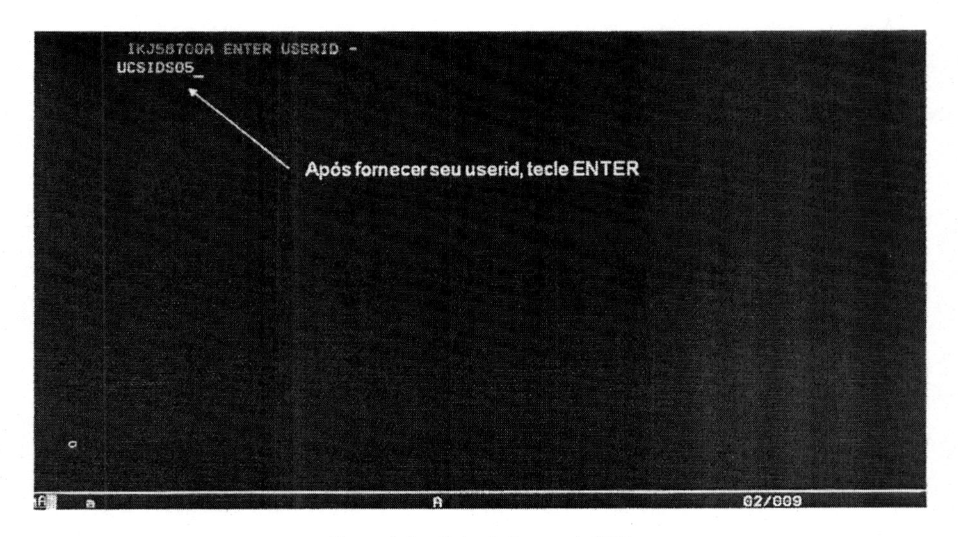

Figura 1-2 Tela de Logon do TSO

Após preenchermos a tela anterior, receberemos a tela de logon.

É interessante observar que o cursor já vem posicionado no campo que devemos preencher.

A senha deve ter de um a oito caracteres, é não-visível durante o logon, e está sujeita às regras da instalação.

Os campos que já vêm preenchidos não devem ser alterados, pois normalmente são determinados pelo RACF de acordo com as características de cada usuário.

Para caminharmos na tela, de um campo a outro, é aconselhável utilizarmos a tecla de tabulador no lugar das teclas de setas, pois com o tabulador o cursor é posicionado no lugar exato em que a informação deverá ser inserida, evitando possíveis erros.

Após fornecer a senha, tecle ENTER.

Se a senha estiver expirada, o cursor será automaticamente posicionado no campo "New Password".

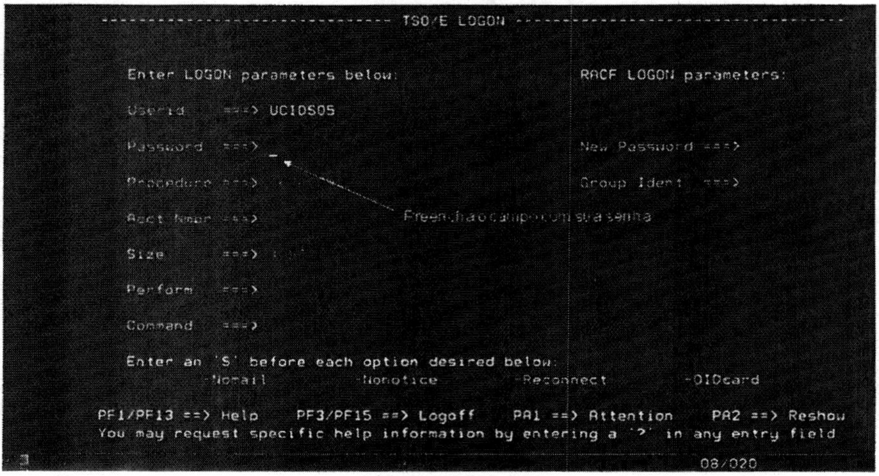

```
------------------------------ TSO/E LOGON -----------------------------------

   Enter LOGON parameters below:                 RACF LOGON parameters:

   Userid    ===> UCIDSOS

   Password  ===> _                              New Password ===>

   Procedure ===>                                Group Ident  ===>

   Acct Nmbr ===>

   Size      ===>

   Perform   ===>

   Command   ===>

   Enter an 'S' before each option desired below:
        -Nomail         -Nonotice        -Reconnect        -OIDcard

PF1/PF13 ==> Help   PF3/PF15 ==> Logoff   PA1 ==> Attention   PA2 ==> Reshow
You may request specific help information by entering a '?' in any entry field
                                                                   08/020
```

Preencha o campo com sua senha

Figura 1-3 Tela para Entrada da Senha

Uma sessão de TSO é uma conexão entre seu userid e um Address Space no Sistema Operacional do mainframe.

Após o logon no TSO, o ISPF pode ser iniciado automaticamente ou através de comando.

Se o ISPF entrar automaticamente, após as mensagens aparecerão três asteriscos (***) e iremos para o Primary Option Menu do ISPF teclando ENTER.

Se não for automático, a instalação deverá informar qual o comando a ser digitado.

Em qualquer tela do TSO, quando aparecerem os três asteriscos (***), tecle sempre ENTER para continuar.

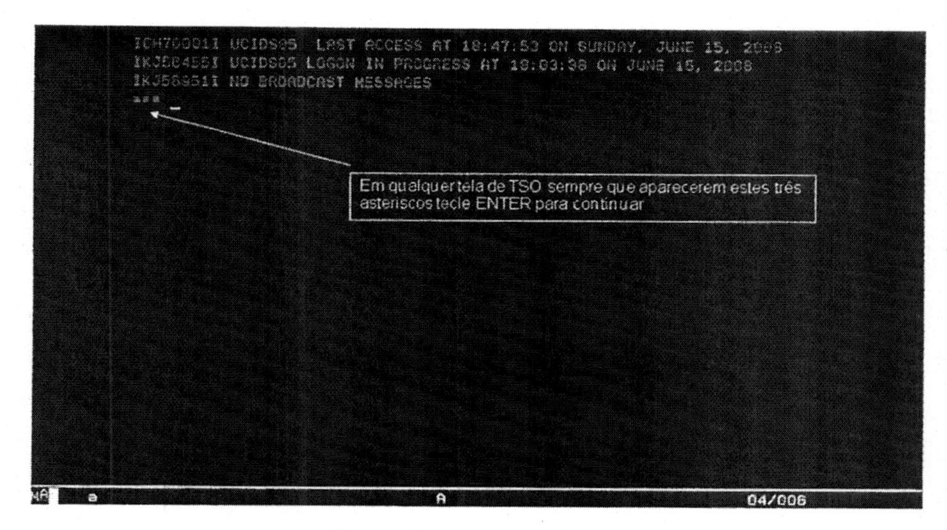

Figura 1-4 O Processo de LOGON

O encerramento da sessão de TSO também pode ser automático quando teclamos F3 no Primary Option Menu do ISPF.

No caso de o encerramento não ser automático, após a mensagem de READY, teclamos o comando LOGOFF e a seguir, a tecla ENTER.

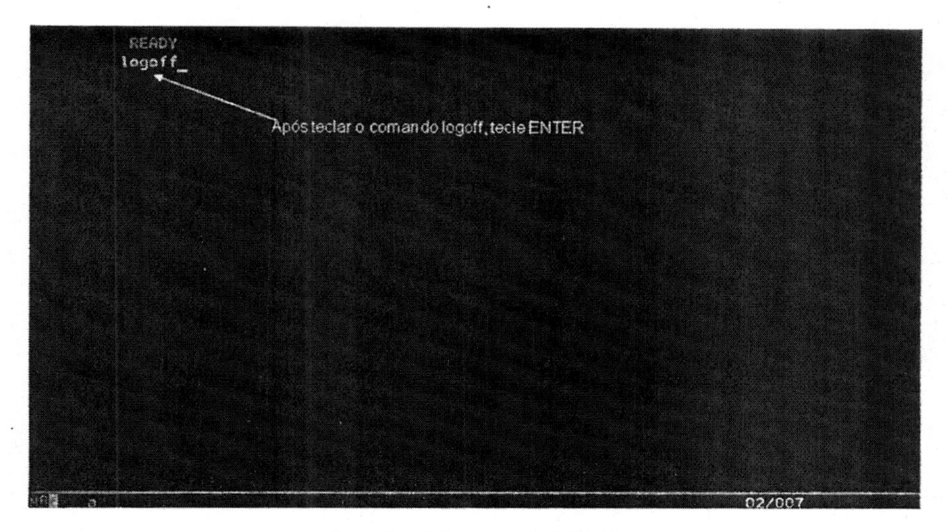

Figura 1-5 O Processo de LOGOFF

2

ISPF/PDF

Após o logon no TSO, os usuários acessam o menu do ISPF. A maioria dos usuários usa exclusivamente o ISPF para se comunicar com o Sistema Operacional e seus arquivos.

O ISPF é um software "menu-driven", que provê a facilidade de apresentar uma série de menus através dos quais se escolhem as opções desejadas.

O ISPF inclui um *browser* e um editor de textos, funções para localização e listagem de arquivos, e executa várias funções de Utilitários.

Os menus do ISPF listam as funções que são mais frequentemente usadas pelos usuários online.

O ISPF Primary Option Menu é passível de customizações pela instalação.

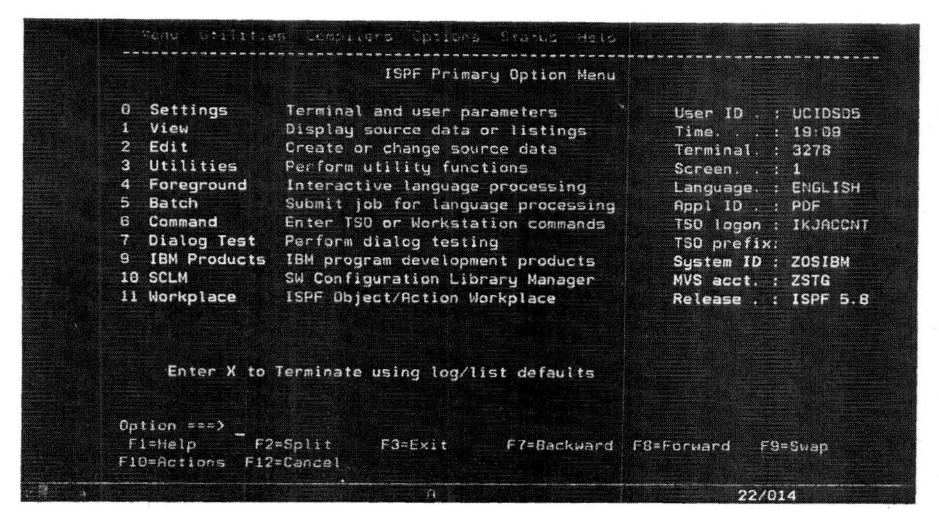

Figura 2-1 Menu Principal do ISPF/PDF

2.1 Tipos de Navegação no ISPF

2.1.1 *Opções de Menu de Seleção*

Para selecionar uma das opções da tela, digitamos o número correspondente na linha de comandos e teclamos ENTER.

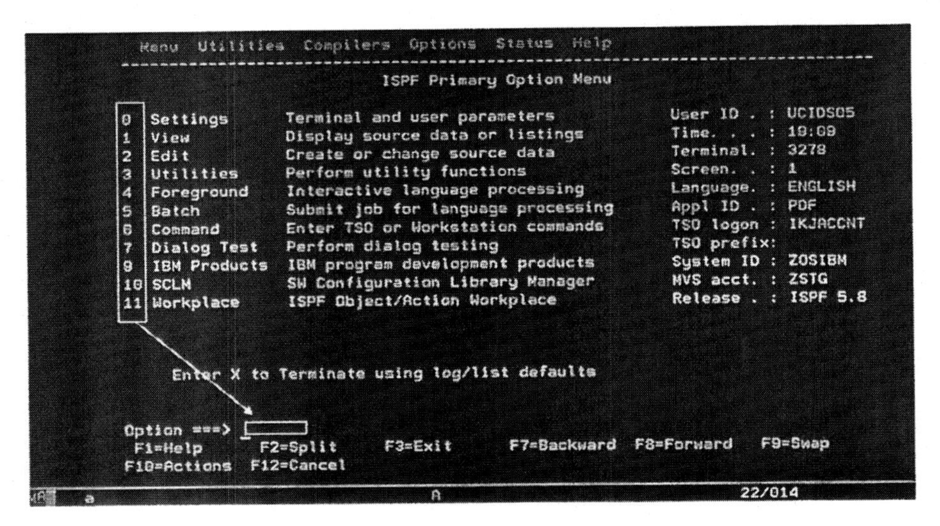

Figura 2-2 Opções de Menu de Seleção

2.1.2 *Campos Point-and-Shoot*

Para selecionar uma das opções, basta posicionar o cursor abaixo da linha desejada e teclar ENTER.

Esta feature não está disponível em todo sistema z/OS.

```
   Menu  Utilities  Compilers  Options  Status  Help
 ------------------------------------------------------------------------------
                        ISPF Primary Option Menu

 0  Settings      Terminal and user parameters           User ID . : UCIDS05
 1  View          Display source data or listings        Time. . . : 19:09
 2  Edit          Create or change source data           Terminal. : 3278
 3  Utilities     Perform utility functions              Screen. . : 1
 4  Foreground    Interactive language processing        Language. : ENGLISH
 5  Batch         Submit job for language processing     Appl ID . : PDF
 6  Command       Enter TSO or Workstation commands      TSO logon : IKJACCNT
 7  Dialog Test   Perform dialog testing                 TSO prefix:
 8  IBM Products  IBM program development products       System ID : ZOSIBM
 10 SCLM          SW Configuration Library Manager       MVS acct. : ZSTG
 11 Workplace     ISPF Object/Action Workplace           Release . : ISPF 5.8


      Enter X to Terminate using log/list defaults

 Option ===> _
  F1=Help      F2=Split     F3=Exit      F7=Backward  F8=Forward   F9=Swap
 F10=Actions  F12=Cancel
      a                        A                                 22/014
```

Figura 2-3 Campos Point-and-Shoot

2.1.3 Escolhas na barra de Ação

A Barra de Ações aparece no topo da tela, e as escolhas variam de tela para tela.

Para estas seleções também devemos posicionar o cursor abaixo da ação desejada e teclar ENTER.

Será aberta logo abaixo uma janela com outras opções a serem escolhidas.

Algumas destas opções são idênticas às já apresentadas anteriormente, outras se referem à aparência do menu, e outras ainda executam funções diversas.

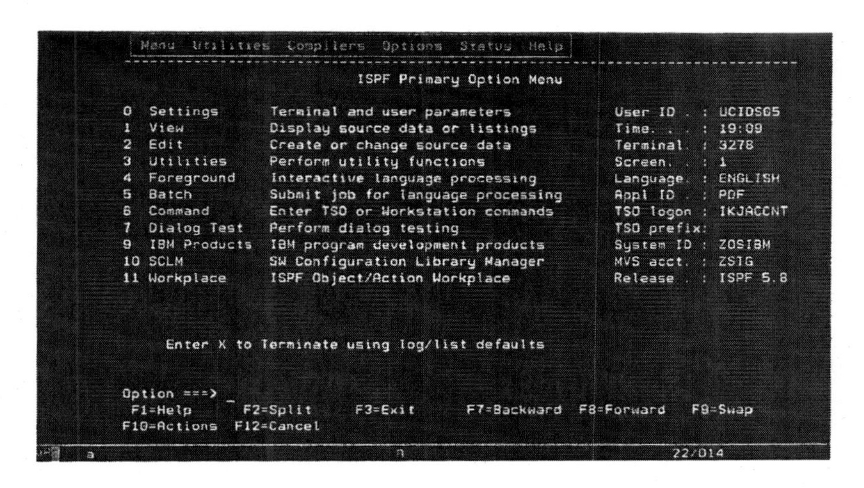

Figura 2-4 Escolhas na Barra de Ação

2.1.4 Linha de Comandos

Comandos emitidos nesta linha podem ser empilhados, ou seja, podemos emitir diversos comandos separados por ponto e vírgula (;).

A Linha de comandos nas telas de opções é identificada por:

OPTION ===>

Para as outras telas por: Command ===>

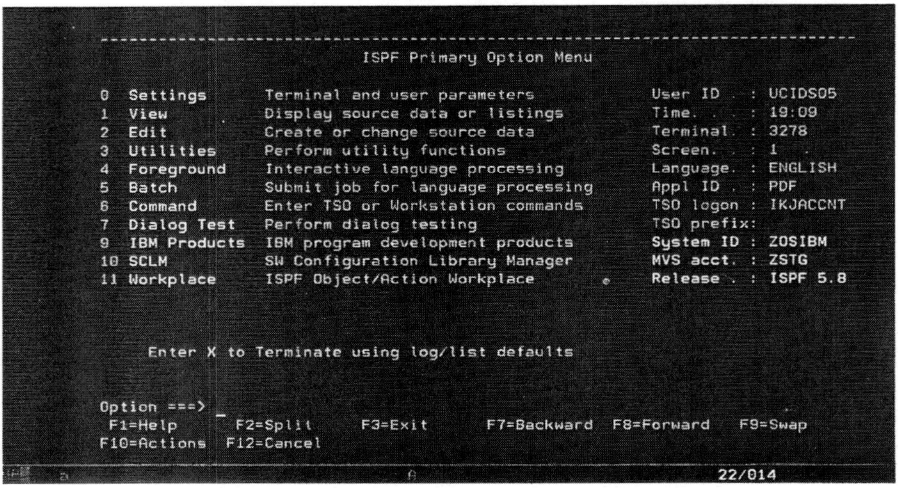

```
--------------------------------------------------------------------------------
                        ISPF Primary Option Menu

0  Settings      Terminal and user parameters        User ID . : UCIDS05
1  View          Display source data or listings     Time. . . : 19:09
2  Edit          Create or change source data        Terminal. : 3278
3  Utilities     Perform utility functions           Screen. . : 1
4  Foreground    Interactive language processing     Language. : ENGLISH
5  Batch         Submit job for language processing  Appl ID . : PDF
6  Command       Enter TSO or Workstation commands   TSO logon : IKJACCNT
7  Dialog Test   Perform dialog testing              TSO prefix:
9  IBM Products  IBM program development products    System ID : ZOSIBM
10 SCLM          SW Configuration Library Manager    MVS acct. : ZSTG
11 Workplace     ISPF Object/Action Workplace        Release . : ISPF 5.8


     Enter X to Terminate using log/list defaults


Option ===> _
 F1=Help     F2=Split     F3=Exit      F7=Backward  F8=Forward   F9=Swap
F10=Actions F12=Cancel
                                                          22/014
```

Figura 2-5 Linha de Comandos

2.1.5 Área de FKs

O ISPF usa as PFKs (Program Function Keys) padrão, numeradas de 1 a 12.

A função de cada PFK pode ser customizada pelo próprio usuário para a sua sessão de ISPF.

As PFKs podem ser todas ou parcialmente exibidas em todas as telas do ISPF.

- PFK1: Help;
- PFK2: divide a sessão (permite o uso de duas telas diferentes de TSO/ISPF ao mesmo tempo);
- PFK3: end (volta para a tela anterior e/ou finaliza uma sessão de TSO);
- PFK4: retorna ao menu inicial;
- PFK5: RFIND (repete o último comando FIND);
- PFK6: RCHANGE (repete o último comando CHANGE);

- PFK7: move a tela para cima;
- PFK8: move a tela para baixo;
- PFK9: alterna entre uma sessão e outra de TSO, divididas pela FK2;
- PFK10: move a tela para a esquerda;
- PFK11: move a tela para a direita;
- PFK12: recupera o último comando.

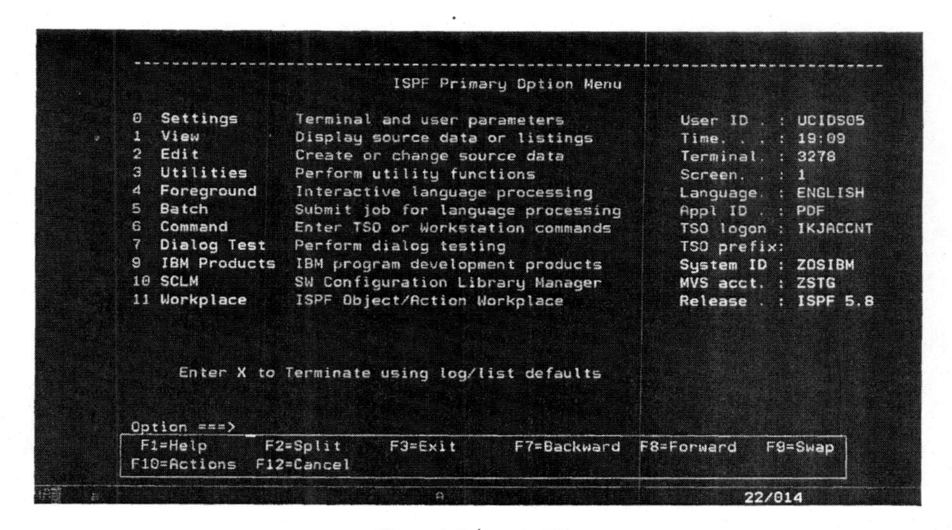

Figura 2-6 Área de FKs

2.1.6 *Opção de Salto*

A maioria das funções do ISPF Primary Option Menu nos remete a outros menus.

Quando já se adquiriu certa prática na utilização do ISPF, não é necessário navegar tela a tela, pode-se ir diretamente à tela desejada clicando-se a opção de cada tela seguida de "." (ponto) até o nível desejado.

Por exemplo, se você estiver no Primary Option Menu e desejar ir para a tela Data Set Utilities, basta teclar 3.2.

Porém, se você quiser ir para esta mesma tela do exemplo anterior e estiver em qualquer outra tela que não o Primary Option Menu, basta inserir antes o símbolo de "=" (=3.2).

O ISPF tem um tutorial com um resumo online de como usar o produto. Entretanto, esta função adicional tem de estar instalada pelo programador de sistemas, e pode não estar disponível em todos os sistemas.

Para entrar no tutorial selecione a opção T no menu principal, ou tecle F1 (HELP) em qualquer tela. Esta ajuda é *context sensitive*, e ao teclar F1 será enviada à porção do tutorial relativa à função que estiver sendo usada no momento.

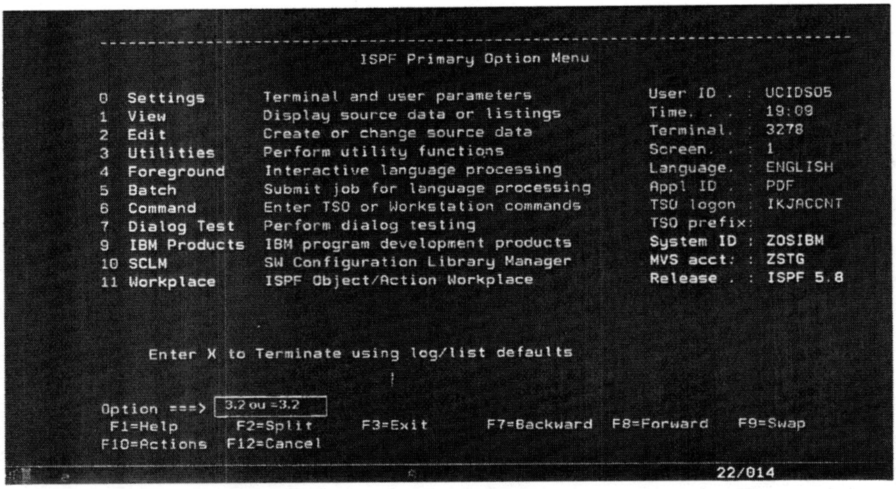

```
                          ISPF Primary Option Menu

0  Settings       Terminal and user parameters          User ID . : UCIDS05
1  View           Display source data or listings       Time. . . : 19:09
2  Edit           Create or change source data          Terminal. : 3278
3  Utilities      Perform utility functions             Screen. . : 1
4  Foreground     Interactive language processing       Language. : ENGLISH
5  Batch          Submit job for language processing    Appl ID . : PDF
6  Command        Enter TSO or Workstation commands     TSO logon : IKJACCNT
7  Dialog Test    Perform dialog testing                TSO prefix:
9  IBM Products   IBM program development products      System ID : ZOSIBM
10 SCLM           SW Configuration Library Manager      MVS acct. : ZSTG
11 Workplace      ISPF Object/Action Workplace          Release . : ISPF 5.8

      Enter X to Terminate using log/list defaults

Option ===> 3.2 ou =3.2
 F1=Help    F2=Split    F3=Exit    F7=Backward  F8=Forward   F9=Swap
F10=Actions F12=Cancel
                                                         22/014
```

Figura 2-7 Opção de Salto

2.2 Opção 2 → EDIT

2.2.1 Alguns conceitos importantes sobre arquivos

Um arquivo particionado (**P**artitioned **D**ata **S**et) consiste de um diretório e um ou mais membros. Um PDS é também chamado de biblioteca.

Cada membro de um PDS é funcionalmente o mesmo que um arquivo sequencial, e pode-se processar um membro de um PDS como se fosse um arquivo sequencial. Por outro lado, pode-se processar a biblioteca inteira, como um arquivo único.

A alocação mínima de um data set é uma trilha de disco, e isso usualmente é uma quantidade significante de espaço. Para arquivos pequenos que contêm uma quantidade pequena de informações, pode-se desperdiçar muito espaço de disco se for alocado um arquivo só para estes dados. No lugar disso, estes dados podem ser armazenados como um de muitos outros membros em um arquivo particionado. Esta é a maneira como a maioria do código fonte e jcl são armazenados no z/OS.

O nome padrão dos arquivos TSO possui três qualificadores. Cada qualificador pode ter até oito caracteres separados por pontos (.).

- High-level Qualifier (primeiro qualificador) – usualmente o default é o userid do seu logon de TSO.
- User Determined Qualifier (Qualificador livre) – identifica o tipo de dados ou de aplicação contida no data set.
- Type of Data (tipo dos dados).

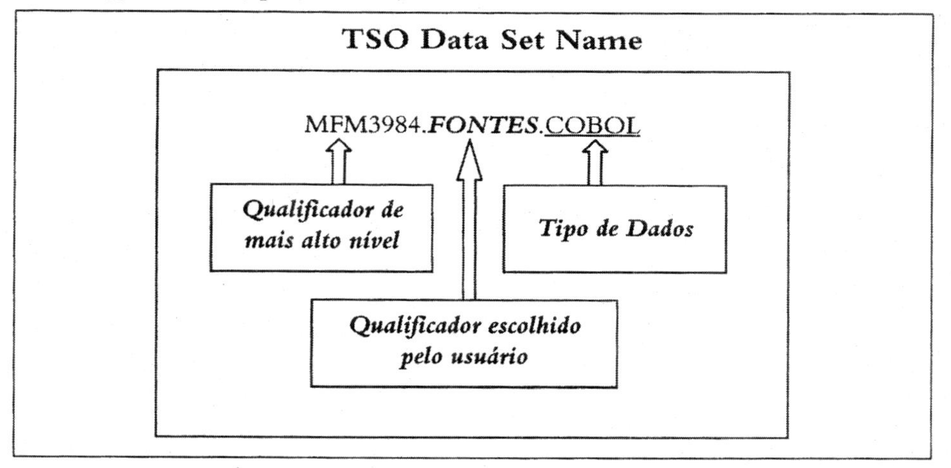

Figura 2-8 Padrão de nomes de arquivos TSO.

Tipos de dados: De acordo com o terceiro qualificador, Type of Data (tipo dos dados), o ISPF convenciona alguns defaults de profile para o formato de apresentação dos membros.

- **ASM – código fonte em linguagem Assembler**
- **CLIST – procedure de CLISTs** (tamanho da linha=80)
- **CNTL – JCLs usados para jobs batch**
- **COBOL – código fonte em COBOL**
- **DATA – dados em letras maiúsculas** (CAPS ON/OFF)
- **EXEC – procedures REXX**
- **FORT – código fonte em FORTRAN**
- **LOAD – módulos de carga executáveis**
- **OBJ – módulos objeto**
- **PLI – código fonte em PL/I**
- **TEXT – dados em letras maiúsculas e/ou minúsculas**

A maioria dos programadores mantem dois PDSs para um projeto. Um para o código fonte tendo o terceiro qualificador identificando a linguagem utilizada nos programas (COBOL, FORT, PLI, ASM). E um outro PDS com os JCLs, que terá como último qualificador CNTL.

Em todas as telas do ISPF/PDF podemos fornecer o nome dos arquivos de duas formas diferentes:

- **ISPF Library**
  - para nomes de arquivos com três níveis;
  - o nome do arquivo não está sujeito à operação de *prefixing*.
- **Other Partitioned, Sequential or VSAM Data Set**
  - para nomes de arquivos com mais ou com menos de três níveis;
  - o nome do arquivo está sujeito à operação de *prefixing*.
- ***Prefixing***
  - Um prefixo especificado, via o comando PROFILE, é acrescentado ao nome do arquivo fornecido, como o qualificador de mais alta ordem.
  - Pode ser inibido, fornecendo o nome do arquivo entre apóstrofes ou alterando a profile.

Se o data set é um particionado, pode-se especificar o nome do membro no campo *Member*. Também podemos especificar apenas uma parte do nome do membro mais os símbolos * ou % ou ambos. Por exemplo, o membro PAY* selecionará todos os membros do PDS que começam com as letras P-A-Y, e virão listados no painel seguinte para que possam ser selecionados.

```
                          Edit Entry Panel

ISPF Library:
   Project . . . _
   Group . . . .          . . .        . . .        . . .
   Type  . . . .
   Member  . . .          (Blank or pattern for member selection list)

Other Partitioned, Sequential or VSAM Data Set:
   Data Set Name . . .
   Volume Serial . . .    (If not cataloged)

Workstation File:
   File Name . . . . .
                                   Options
Initial Macro  . . . .               Confirm Cancel/Move/Replace
Profile Name . . . . .               Mixed Mode
Format Name  . . . . .               Edit on Workstation
Data Set Password  . .               Preserve VB record length
Command ===>
 F1=Help      F2=Split     F3=Exit       F7=Backward  F8=Forward   F9=Swap
F10=Actions  F12=Cancel
                                                                06/019
```

Figura 2-9 Opção 2: EDIT

2.2.2 O comando PROFILE:

A profile de edição de um data set controla várias operações que envolvem edição, tais como, limites de colunas, tabulação, geração de linhas de numeração, se serão utilizadas apenas letras maiúsculas, etc.

Existem profiles default para cada tipo de data set (como mostrado na Figura 2-8). Por Exemplo, existe um default para arquivos COBOL. Também é possível criarmos profiles para qualquer tipo de data set.

A profile que está em uso para o data set que está sendo editado pode ser verificada entrando com o comando **PROFILE** na linha de comandos.

Nome da Profile

```
EDIT       UCIDS05.JCL(LAB03) - 01.11                        Columns 00001 00072
=PROF> ...JCL (FIXED - 80)....RECOVERY ON....NUMBER DISPLAY STD..............
=PROF> ....CAPS ON....HEX OFF....NULLS ON STD....TABS OFF....................
=PROF> ....AUTOSAVE ON....AUTONUM OFF....AUTOLIST OFF....STATS ON............
=PROF> ....PROFILE UNLOCK....IMACRO NONE....PACK OFF....NOTE ON..............
000200 //STEP1    EXEC PGM=IEFBR14
000300 //DD1      DD DSN=UCIDS05.P02.PDS1,DISP=(NEW,CATLG),
000310 //            UNIT=SYSDA,DCB=(RECFM=FB,LRECL=80),
000400 //            SPACE=(TRK,(1,1,5)),VOL=SER=SADMP1
000500 //STEP2    EXEC PGM=IEBGENER
000600 //SYSPRINT DD SYSOUT=*
000700 //SYSUT2   DD DSN=UCIDS05.P02.PDS1(DADOS01),DISP=SHR
000800 //SYSUT1   DD DSN=UCIDS05.JCL(DADOS01),DISP=OLD
000900 //SYSIN    DD DUMMY
****** **************************** Bottom of Data ****************************

Command ===> _                                                Scroll ===> CSR
 F1=Help      F2=Split     F3=Exit      F5=Rfind     F6=Rchange   F7=Up
 F8=Down      F9=Swap      F10=Left     F11=Right    F12=Cancel
                                                              22/015
```

Figura 2-10 Comando PROFILE

Um conjunto de linhas em cor diferente são apresentadas com as opções de profile que estão sendo utilizadas para a edição do data set.

Cada profile de edição tem um nome, que é o último qualificador do data set - JCL no exemplo apresentado na figura 2-10.

Para trocar o nome da profile, emita o comando **PROF profname.**

Para eliminar as linhas da profile, tecle **RESET** ou **RES** na linha de comando e pressione ENTER.

2.2.3 Lista de membros de um PDS

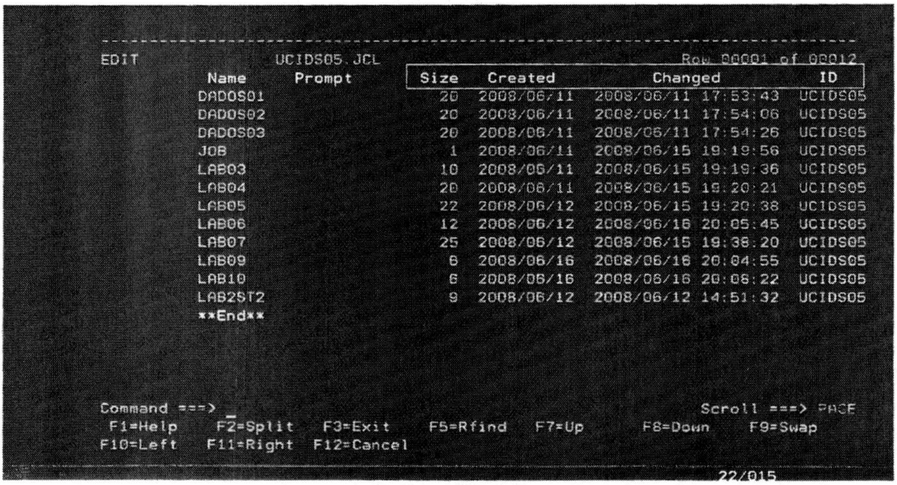

```
EDIT            UCIDS05.JCL                                Row 00001 of 00012
        Name       Prompt        Size  Created       Changed               ID
       DADOS01                    20  2008/06/11  2008/06/11 17:53:43  UCIDS05
       DADOS02                    20  2008/06/11  2008/06/11 17:54:06  UCIDS05
       DADOS03                    20  2008/06/11  2008/06/11 17:54:26  UCIDS05
       JOB                         1  2008/06/11  2008/06/15 19:19:56  UCIDS05
       LAB03                      10  2008/06/11  2008/06/15 19:19:36  UCIDS05
       LAB04                      20  2008/06/11  2008/06/15 19:20:21  UCIDS05
       LAB05                      22  2008/06/12  2008/06/15 19:20:38  UCIDS05
       LAB06                      12  2008/06/12  2008/06/16 20:05:45  UCIDS05
       LAB07                      25  2008/06/12  2008/06/15 19:38:20  UCIDS05
       LAB09                       6  2008/06/16  2008/06/16 20:04:55  UCIDS05
       LAB10                       6  2008/06/16  2008/06/16 20:06:22  UCIDS05
       LAB2ST2                     9  2008/06/12  2008/06/12 14:51:32  UCIDS05
       **End**

Command ===> _                                          Scroll ===> PAGE
 F1=Help     F2=Split    F3=Exit     F5=Rfind    F7=Up       F8=Down     F9=Swap
F10=Left    F11=Right   F12=Cancel
                                                               22/015
```

Figura 2-11 Lista de Membros – visão 1

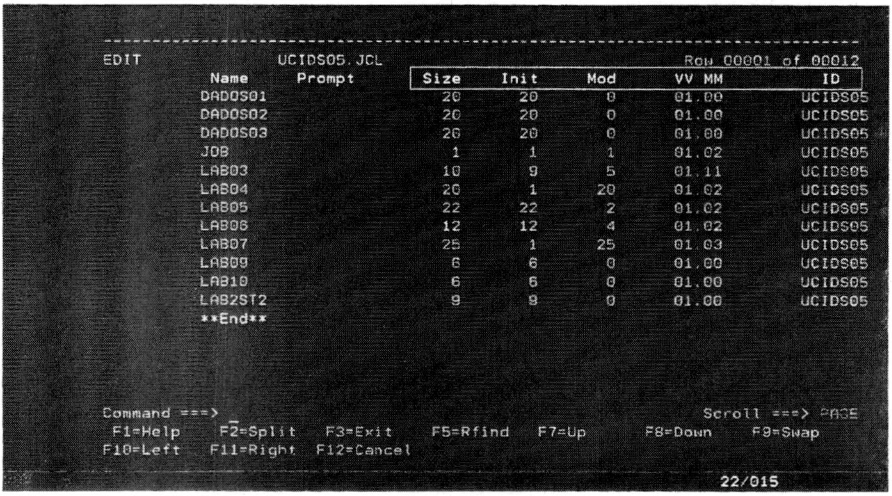

```
EDIT            UCIDS05.JCL                                Row 00001 of 00012
        Name       Prompt        Size     Init      Mod     VV MM          ID
       DADOS01                    20       20         0     01.00      UCIDS05
       DADOS02                    20       20         0     01.00      UCIDS05
       DADOS03                    20       20         0     01.00      UCIDS05
       JOB                         1        1         1     01.02      UCIDS05
       LAB03                      10        9         5     01.11      UCIDS05
       LAB04                      20        1        20     01.02      UCIDS05
       LAB05                      22       22         2     01.02      UCIDS05
       LAB06                      12       12         4     01.02      UCIDS05
       LAB07                      25        1        25     01.03      UCIDS05
       LAB09                       6        6         0     01.00      UCIDS05
       LAB10                       6        6         0     01.00      UCIDS05
       LAB2ST2                     9        9         0     01.00      UCIDS05
       **End**

Command ===> _                                          Scroll ===> PAGE
 F1=Help     F2=Split    F3=Exit     F5=Rfind    F7=Up       F8=Down     F9=Swap
F10=Left    F11=Right   F12=Cancel
                                                               22/015
```

Figura 2-12 Lista de Membros - visão 2

Quando temos na profile a opção **STATS ON**, são mantidas estatísticas para cada membro da biblioteca. As informações geradas são:

- **Size** – número atual de linhas do membro;
- **Created** – data de criação do membro;
- **Changed** – data e hora que o membro foi editado pela última vez;
- **ID** – o último usuário que atualizou o membro;
- **Init** – número de linhas que o membro tinha inicialmente, quando foi criado;
- **Mod** – número de linhas do membro que foram alteradas desde a sua criação;
- **VV.MM** - é a versão e o número do nível de modificação.

2.2.4 Editando um Arquivo ou Membro de Particionado já Existente

Os campos mais importantes apresentados nesta tela são:

Na primeira linha é apresentado o nome do arquivo e do membro (no caso de PDS) que está sendo editado.

Nesta mesma linha à direita, as colunas que estão sendo exibidas no corpo da tela.

À esquerda, no corpo da tela, a numeração de linha gerada pelo ISPF (não faz parte dos dados).

No canto inferior direito da tela, o campo SCROLL, que nos permite especificar a quantidade de linhas que serão deslocadas quando usarmos as PFKs PF7/PF8 (para cima e para baixo) ou PF10/PF11 (para a esquerda ou para a direita).

- **CSR** → rola a tela até a linha ou coluna onde o cursor está posicionado.
- **PAGE** → rola uma página inteira.
- **HALF** → rola meia página (valor default).

O Editor do ISPF possui comandos principais e comandos de linha.

Os comandos principais são emitidos na linha de comandos e se aplicam para todo o arquivo ou membro.

Os comandos de linha são emitidos sobre a área de prefixo, e os mesmos afetam apenas as linhas em que são emitidos.

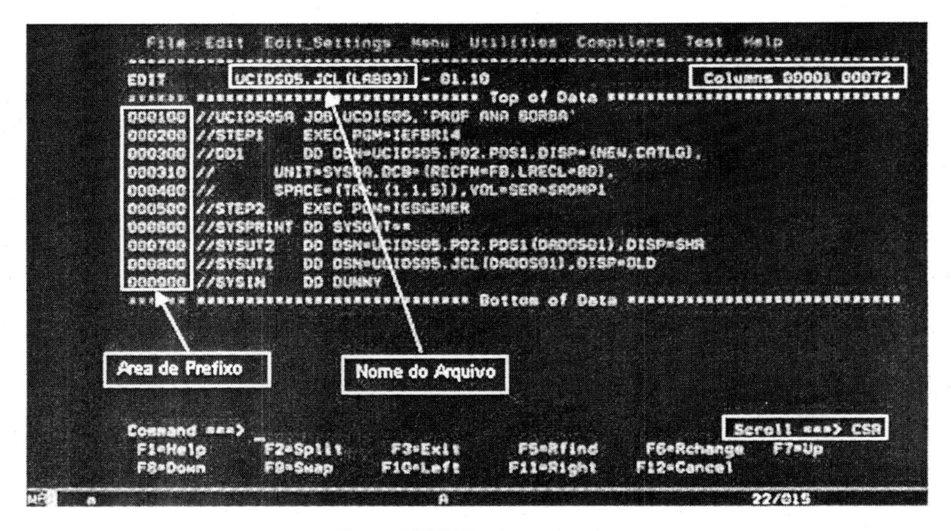

Figura 2-13 Editando um Arquivo

2.2.5 *Comandos Principais – FIND*

O comando FIND (ou apenas F) é utilizado para localizar e exibir *strings* (conjunto ou série) de caracteres no arquivo ou membro sendo editado – o cursor é posicionado no início do string localizado.

Formato do comando: **FIND string <u>NEXT</u>/PREV/FIRST/LAST**

NEXT → localiza a próxima ocorrência (é o *default*);

PREV → localiza a ocorrência anterior;

FIRST → localiza a primeira ocorrência do string no arquivo;

LAST → localiza a última ocorrência do string no arquivo.

string → conjunto de caracteres alfanuméricos;

'string' → o string pode conter brancos ou caracteres especiais;

C'string' → o string é sensível a maiúsculas e minúsculas.

```
   File  Edit  Edit_Settings  Menu  Utilities  Compilers  Test  Help
-------------------------------------------------------------------------------
EDIT        UCIDS05.JCL(LAB07) - 01.03                    Columns 00001 00072
****** ***************************** Top of Data ******************************
000100 //UCIDS05E JOB UCIDS05,'PROF ANA BORBA',MSGLEVEL=(1,1)
000200 //STEP1    EXEC PGM=IEBGENER
000400 //SYSUT2   DD SYSOUT=*
000500 //SYSUT1   DD DATA,DLM=XX
000600 //*** LINHA DE DADOS 1
000700 //*** LINHA DE DADOS 2
000800 //*** LINHA DE DADOS 3
000900 XX
001000 //SYSIN    DD DUMMY
001100 //*************************************
001200 //STEP2    EXEC PGM=IEBGENER,COND=(0,NE,STEP1)
001300 //SYSPRINT DD SYSOUT=*
001400 //SYSUT2   DD SYSOUT=*
001500 //SYSUT1   DD DSN=UCIDS05.JCL(DADOS02),DISP=SHR
001600 //SYSIN    DD DUMMY
001700 //*****************************************
001800 //STEP3    EXEC PGM=IEBGENER,COND=(0,EQ,STEP1)
Command ===> f iebgener                                       Scroll ===> CSR
 F1=Help      F2=Split     F3=Exit      F5=Rfind     F6=Rchange   F7=Up
 F8=Down      F9=Swap      F10=Left     F11=Right    F12=Cancel
     a                                                            22/025
```

Figura 2-14 Procurando um String no Texto

```
   File  Edit  Edit_Settings  Menu  Utilities  Compilers  Test  Help
-------------------------------------------------------------------------------
EDIT        UCIDS05.JCL(LAB07) - 01.03                 CHARS 'IEBGENER' found
****** ***************************** Top of Data ******************************
000100 //UCIDS05E JOB UCIDS05,'PROF ANA BORBA',MSGLEVEL=(1,1)
000200 //STEP1    EXEC PGM=IEBGENER
000400 //SYSUT2   DD SYSOUT=*
000500 //SYSUT1   DD DATA,DLM=XX
000600 //*** LINHA DE DADOS 1
000700 //*** LINHA DE DADOS 2          Cursor apontando o string encontrado
000800 //*** LINHA DE DADOS 3
000900 XX
001000 //SYSIN    DD DUMMY
001100 //*************************************
001200 //STEP2    EXEC PGM=IEBGENER,COND=(0,NE,STEP1)
001300 //SYSPRINT DD SYSOUT=*
001400 //SYSUT2   DD SYSOUT=*
001500 //SYSUT1   DD DSN=UCIDS05.JCL(DADOS02),DISP=SHR
001600 //SYSIN    DD DUMMY
001700 //*****************************************
001800 //STEP3    EXEC PGM=IEBGENER,COND=(0,EQ,STEP1)
Command ===>                                                  Scroll ===> CSR
 F1=Help      F2=Split     F3=Exit      F5=Rfind     F6=Rchange   F7=Up
 F8=Down      F9=Swap      F10=Left     F11=Right    F12=Cancel
     a                                                            06/028
```

Figura 2-15 Resultado do FIND

- **Procurando todas as ocorrências de um string com caracter especial**
  - FIND 'string' **ALL** - localiza todas as ocorrências do string e mostra uma mensagem curta com o número de vezes que o string aparece no arquivo.
  - PF5 = RFIND

- Como o string contém um sinal de igual, considerado um caracter especial, deve estar entre aspas simples.
- Em algumas instalações, além da mensagem dizendo o número de vezes que o string foi encontrado, todas as ocorrências do mesmo são colocadas em highlight.

```
EDIT       UCIDS05.JCL(LAB06) - 01.01                       Columns 00001 00072
       ***************************** Top of Data ******************************
000100 //UCIDS05D JOB UCIDS05,'PROF ANA BORBA',MSGLEVEL=(1,1)
000200 //STEP1    EXEC PGM=IEBGENER
000300 //SYSPRINT DD SYSOUT=*
000400 //SYSUT1   DD DSN=UCIDS05.JCL(DADOS02),DISP=SHR
000500 //SYSUT2   DD DSN=UCIDS05.P02.SEQ1,DISP=MOD
000600 //SYSIN    DD DUMMY
000700 //*****************************************
000800 //STEP2    EXEC PGM=IEBGENER
000900 //SYSPRINT DD SYSOUT=*
001000 //SYSUT1   DD DSN=UCIDS05.P02.SEQ1,DISP=SHR
001100 //SYSUT2   DD SYSOUT=*
001200 //SYSIN    DD DUMMY
       **************************** Bottom of Data ****************************

Command ===> f 'pgm=iebgener' all_                          Scroll ===> CSR
 F1=Help      F2=Split     F3=Exit      F5=Rfind     F6=Rchange   F7=Up
 F8=Down      F9=Swap      F10=Left     F11=Right    F12=Cancel
                                                                  22/035
```

Figura 2-16 Procurando Todas as Ocorrências de um String com Caracter Especial

- **String encontrado duas vezes**

```
EDIT       UCIDS05.JCL(LAB06) - 01.01                   2 CHARS 'PGM=IEBGENER'
       ***************************** Top of Data ******************************
000100 //UCIDS05D JOB UCIDS05,'PROF ANA BORBA',MSGLEVEL=(1,1)
       //STEP1    EXEC PGM=IEBGENER
000300 //SYSPRINT DD SYSOUT=*
000400 //SYSUT1   DD DSN=UCIDS05.JCL(DADOS02),DISP=SHR
000500 //SYSUT2   DD DSN=UCIDS05.P02.SEQ1,DISP=MOD
000600 //SYSIN    DD DUMMY
000700 //*****************************************
000800 //STEP2    EXEC PGM=IEBGENER
000900 //SYSPRINT DD SYSOUT=*
001000 //SYSUT1   DD DSN=UCIDS05.P02.SEQ1,DISP=SHR
001100 //SYSUT2   DD SYSOUT=*
001200 //SYSIN    DD DUMMY
       **************************** Bottom of Data ****************************

Command ===>                                                Scroll ===> CSR
 F1=Help      F2=Split     F3=Exit      F5=Rfind     F6=Rchange   F7=Up
 F8=Down      F9=Swap      F10=Left     F11=Right    F12=Cancel
                                                                  06/025
```

Figura 2-17 Resultado do FIND ... ALL

2.2.6 Comandos Principais – CHANGE

O comando CHANGE substitui um string por outro e pode ser abreviado por C.

Alguns formatos do comando:

- **CHANGE** string1 string2 (efetua a substituição apenas na primeira ocorrência do string).
- **CHANGE** 'string1' 'string2' (idêntico ao anterior, podendo os strings conter caracteres especiais ou brancos).
- **CHANGE** string1 string2 **ALL** (efetua a substituição em todas as ocorrências do string no arquivo ou no membro).

```
EDIT       UCIDS05.JCL(LAB06) - 01.01                       Columns 00001 00072
      ****************************** Top of Data ******************************
000100 //UCIDS05D JOB UCIDS05,'PROF ANA BORBA',MSGLEVEL=(1,1)
000200 //STEP1    EXEC PGM=IEBGENER
000300 //SYSPRINT DD SYSOUT=*
000400 //SYSUT1   DD DSN=UCIDS05.JCL(DADOS02),DISP=SHR
000500 //SYSUT2   DD DSN=UCIDS05.P02.SEQ1,DISP=MOD
000600 //SYSIN    DD DUMMY
000700 //**************************************
       //STEP2    EXEC PGM=IEBGENER
000900 //SYSPRINT DD SYSOUT=*
001000 //SYSUT1   DD DSN=UCIDS05.P02.SEQ1,DISP=SHR
001100 //SYSUT2   DD SYSOUT=*
001200 //SYSIN    DD DUMMY
      **************************** Bottom of Data ****************************

Command ===> c ucids05 ucids06                                 Scroll ===> CSR
 F1=Help      F2=Split     F3=Exit      F5=Rfind     F6=Rchange   F7=Up
 F8=Down      F9=Swap     F10=Left     F11=Right    F12=Cancel
                                                                  22/032
```

Figura 2-18 Substituindo um String por Outro

```
EDIT       UCIDS05.JCL(LAB06) - 01.02                    CHARS 'UCIDS05' changed
       ****************************** Top of Data ******************************
       //UCIDS06D JOB UCIDS05.'PROF ANA BORBA',MSGLEVEL=(1,1)
000200 //STEP1    EXEC PGM=IEBGENER
000300 //SYSPRINT DD SYSOUT=*
000400 //SYSUT1   DD DSN=UCIDS05.JCL(DADOS02),DISP=SHR
000500 //SYSUT2   DD DSN=UCIDS05.P02.SEQ1,DISP=MOD
000600 //SYSIN    DD DUMMY
000700 //*****************************************
000800 //STEP2    EXEC PGM=IEBGENER
000900 //SYSPRINT DD SYSOUT=*
001000 //SYSUT1   DD DSN=UCIDS05.P02.SEQ1,DISP=SHR
001100 //SYSUT2   DD SYSOUT=*
001200 //SYSIN    DD DUMMY
       **************************** Bottom of Data ****************************




Command ===>                                                  Scroll ===> CSR
 F1=Help      F2=Split     F3=Exit      F5=Rfind     F6=Rchange   F7=Up
 F8=Down      F9=Swap     F10=Left     F11=Right    F12=Cancel
                                                              05/018
```

Figura 2-19 O primeiro string encontrado foi substituído

- ## Substituindo todas as ocorrências de um string

```
EDIT       UCIDS05.JCL(LAB06) - 01.02                    Columns 00001 00072
       ****************************** Top of Data ******************************
000100 //UCIDS05D JOB UCIDS05 'PROF ANA BORBA',MSGLEVEL=(1,1)
000200 //STEP1    EXEC PGM=IEBGENER
       //SYSPRINT DD SYSOUT=*
000400 //SYSUT1   DD DSN=UCIDS05.JCL(DADOS02),DISP=SHR
000500 //SYSUT2   DD DSN=UCIDS05.P02.SEQ1,DISP=MOD
000600 //SYSIN    DD DUMMY
000700 //*****************************************
000800 //STEP2    EXEC PGM=IEBGENER
000900 //SYSPRINT DD SYSOUT=*
001000 //SYSUT1   DD DSN=UCIDS05.P02.SEQ1,DISP=SHR
001100 //SYSUT2   DD SYSOUT=*
001200 //SYSIN    DD DUMMY
       **************************** Bottom of Data ****************************




Command ===> c ucids05 ucids06 all                            Scroll ===> CSR
 F1=Help      F2=Split     F3=Exit      F5=Rfind     F6=Rchange   F7=Up
 F8=Down      F9=Swap     F10=Left     F11=Right    F12=Cancel
                                                              22/036
```

Figura 2-20 C string1 string2 ALL

As linhas onde ocorreram as alterações são identificadas na área de prefixo.

```
EDIT       UCIDS05.JCL(LAB06) - 01.02                 CHARS 'UCIDS05' changed
       ***************************** Top of Data ******************************
       //UCIDS06D JOB UCIDS06,'PROF ANA BORBA',MSGLEVEL=(1,1)
000200 //STEP1    EXEC PGM=IEBGENER
000300 //SYSPRINT DD SYSOUT=*
       //SYSUT1   DD DSN=UCIDS06.JCL(DADOS02),DISP=SHR
       //SYSUT2   DD DSN=UCIDS06.P02.SEQ1,DISP=MOD
000600 //SYSIN    DD DUMMY
000700 //*****************************************
000800 //STEP2    EXEC PGM=IEBGENER
000900 //SYSPRINT DD SYSOUT=*
       //SYSUT1   DD DSN=UCIDS06.P02.SEQ1,DISP=SHR
001100 //SYSUT2   DD SYSOUT=*
001200 //SYSIN    DD DUMMY
       **************************** Bottom of Data ****************************

Command ===>                                                  Scroll ===> CSR
 F1=Help      F2=Split     F3=Exit      F5=Rfind     F6=Rchange   F7=Up
 F8=Down      F9=Swap      F10=Left     F11=Right    F12=Cancel
                                                              05/018
```

Figura 2-21 Resultado do C ..... ALL

2.2.7 Comandos Principais – CREATE

O comando CREATE serve para criar um novo membro em um arquivo particionado, a partir do membro sendo editado.

Alguns formatos do comando

- CREATE nomedomembro → o novo membro será criado no mesmo particionado que está sendo editado.
- CREATE → sem informar o nome do membro, recebemos uma nova tela onde poderemos informar, além do nome do membro, o nome de um novo particionado.

Para indicar qual a parte do membro sendo editado que será movida ou copiada para o novo membro, colocamos **CC** ou **MM** na área de prefixo, na linha inicial e na linha final do trecho a ser copiado ou movido.

Se quisermos copiar ou mover todo o membro, colocamos **C9999** ou **M9999** na primeira linha do arquivo.

No exemplo da Figura 2-22, usamos o CREATE sem o nome do arquivo, e receberemos a tela seguinte.

```
EDIT       UCIDS05.JCL(LAB06) - 01.02                    Columns 00001 00072
           ***************************** Top of Data ******************************
cc0100 //UCIDS06D JOB UCIDS06,'PROF ANA BORBA',MSGLEVEL=(1,1)
000200 //STEP1    EXEC PGM=IEBGENER
000300 //SYSPRINT DD SYSOUT=*
000400 //SYSUT1   DD DSN=UCIDS06.JCL(DADOS02),DISP=SHR
000500 //SYSUT2   DD DSN=UCIDS06.P02.SEQ1,DISP=MOD
cc0600 //SYSIN    DD DUMMY
000700 //*************************************************
000800 //STEP2    EXEC PGM=IEBGENER
000900 //SYSPRINT DD SYSOUT=*
001000 //SYSUT1   DD DSN=UCIDS06.P02.SEQ1,DISP=SHR
001100 //SYSUT2   DD SYSOUT=*
001200 //SYSIN    DD DUMMY
           **************************** Bottom of Data ****************************

Command ===> cre                                              Scroll ===> CSR
 F1=Help      F2=Split     F3=Exit      F5=Rfind     F6=Rchange   F7=Up
 F8=Down      F9=Swap      F10=Left     F11=Right    F12=Cancel
                                                                22/019
```

Figura 2-22 Comando CREATE

- A Figura 2-23 nos mostra a tela em que devemos informar o outro PDS e o nome do novo membro.

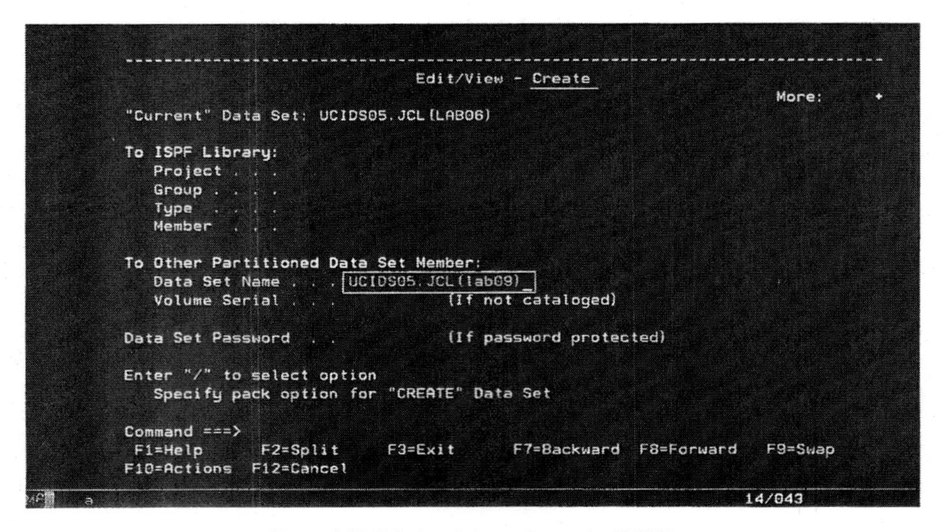

Figura 2-23 Tela Seguinte ao Comando CREATE

Como fizemos apenas cópia, o membro inicial continua igual, e é emitida uma mensagem informando a criação do novo membro.

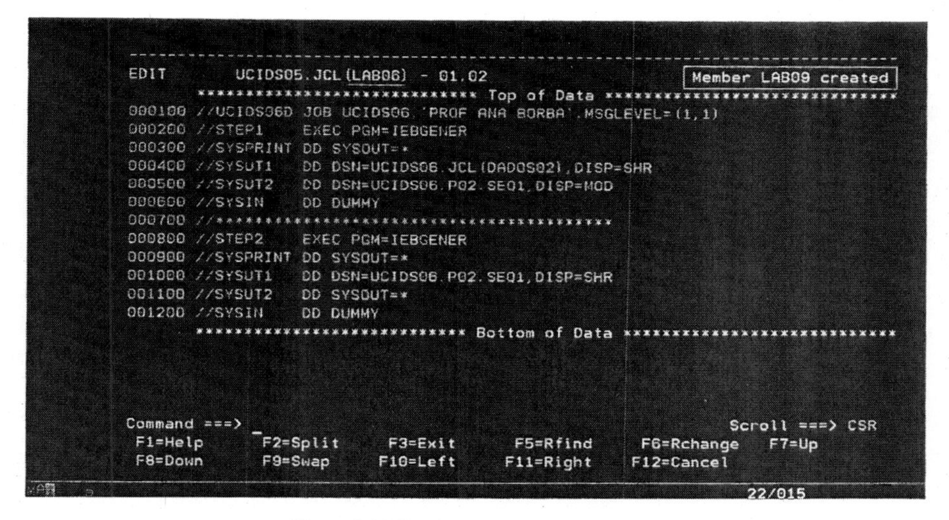

Figura 2-24 Membro Inicial sem Alteração

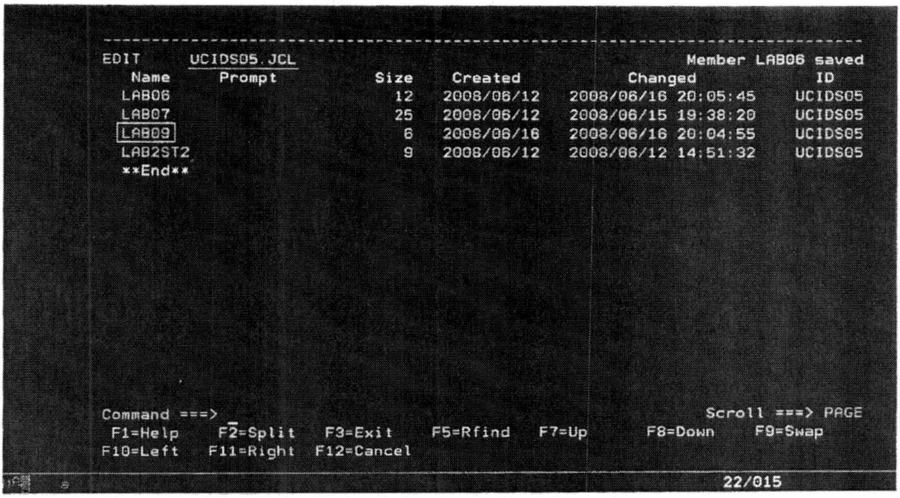

```
EDIT      UCIDS05.JCL                                      Member LAB06 saved
   Name      Prompt           Size   Created        Changed              ID
  LAB06                        12   2008/06/12   2008/06/16 20:05:45   UCIDS05
  LAB07                        25   2008/06/12   2008/06/15 19:38:20   UCIDS05
  LAB09                         6   2008/06/16   2008/06/16 20:04:55   UCIDS05
  LAB2ST2                       9   2008/06/12   2008/06/12 14:51:32   UCIDS05
  **End**

Command ===>                                                  Scroll ===> PAGE
 F1=Help    F2=Split   F3=Exit    F5=Rfind   F7=Up      F8=Down    F9=Swap
F10=Left   F11=Right  F12=Cancel
                                                              22/015
```

Figura 2-25 Novo Membro na Lista do PDS

- **CREATE** – Com a opção de MOVE

```
EDIT       UCIDS05.JCL(LAB06) - 01.02                   Columns 00001 00072
           ****************************** Top of Data ******************************
000100 //UCIDS06D JOB UCIDS06,'PROF ANA BORBA',MSGLEVEL=(1,1)
000200 //STEP1    EXEC PGM=IEBGENER
000300 //SYSPRINT DD SYSOUT=*
000400 //SYSUT1   DD DSN=UCIDS06.JCL(DADOS02),DISP=SHR
000500 //SYSUT2   DD DSN=UCIDS06.P02.SEQ1,DISP=MOD
000600 //SYSIN    DD DUMMY
mm0700 //******************************************
000800 //STEP2    EXEC PGM=IEBGENER
000900 //SYSPRINT DD SYSOUT=*
001000 //SYSUT1   DD DSN=UCIDS06.P02.SEQ1,DISP=SHR
001100 //SYSUT2   DD SYSOUT=*
mm1200 //SYSIN    DD DUMMY
           **************************** Bottom of Data ****************************

Command ===> cre lab10                                       Scroll ===> CSR
 F1=Help      F2=Split      F3=Exit      F5=Rfind     F6=Rchange   F7=Up
 F8=Down      F9=Swap      F10=Left     F11=Right    F12=Cancel
                                                                 22/024
```

Figura 2-26 CREATE – Com a Opção de MOVE

```
EDIT       UCIDS05.JCL(LAB06) - 01.03                   Member LAB10 created
           ****************************** Top of Data ******************************
000100 //UCIDS06D JOB UCIDS06,'PROF ANA BORBA',MSGLEVEL=(1,1)
000200 //STEP1    EXEC PGM=IEBGENER
000300 //SYSPRINT DD SYSOUT=*
000400 //SYSUT1   DD DSN=UCIDS06.JCL(DADOS02),DISP=SHR
000500 //SYSUT2   DD DSN=UCIDS06.P02.SEQ1,DISP=MOD
000600 //SYSIN    DD DUMMY
           **************************** Bottom of Data ****************************

Command ===> _                                               Scroll ===> CSR
 F1=Help      F2=Split      F3=Exit      F5=Rfind     F6=Rchange   F7=Up
 F8=Down      F9=Swap      F10=Left     F11=Right    F12=Cancel
                                                                 22/015
```

Figura 2-27 Como Ficou o Membro Inicial

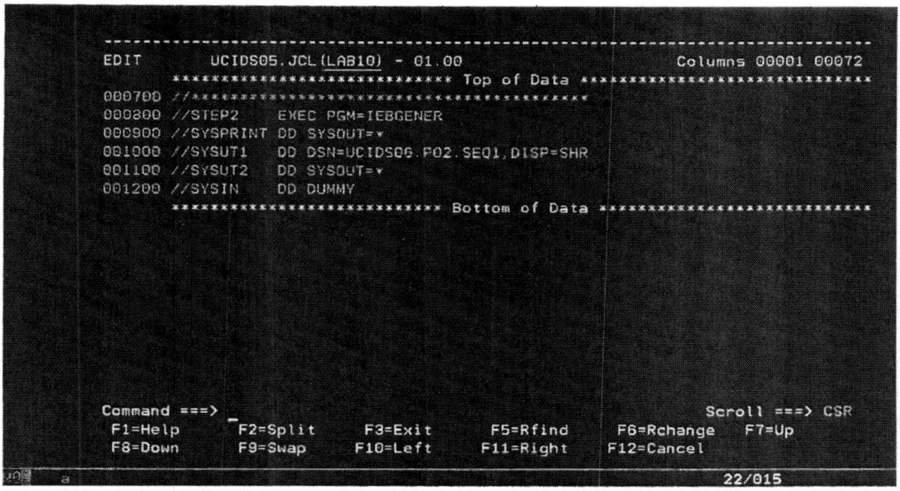

```
EDIT       UCIDS05.JCL(LAB10) - 01.00                    Columns 00001 00072
      ***************************** Top of Data ******************************
000700 //*********************************************
000800 //STEP2    EXEC PGM=IEBGENER
000900 //SYSPRINT DD SYSOUT=*
001000 //SYSUT1   DD DSN=UCIDS06.P02.SEQ1,DISP=SHR
001100 //SYSUT2   DD SYSOUT=*
001200 //SYSIN    DD DUMMY
      **************************** Bottom of Data ****************************

Command ===> _                                            Scroll ===> CSR
 F1=Help     F2=Split    F3=Exit     F5=Rfind    F6=Rchange  F7=Up
 F8=Down     F9=Swap     F10=Left    F11=Right   F12=Cancel
                                                          22/015
```

Figura 2-28 Como Ficou o Novo Membro

2.2.8 Comandos Principais – COPY

O comando COPY (C) copia uma ou mais linhas para outra linha no próprio arquivo ou membro que está sendo editado.

É necessário especificar o local para onde a linha, ou linhas, está sendo copiada: **A** (after), **B** (before) e **O** (overlay).

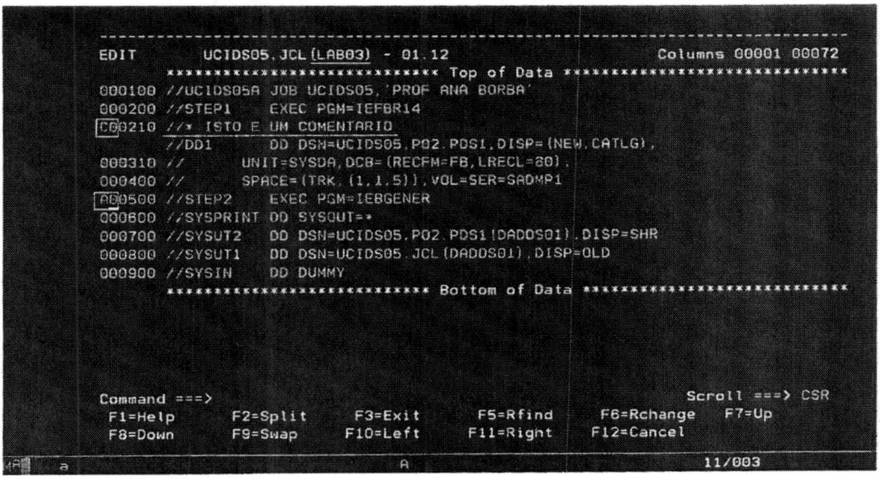

```
EDIT       UCIDS05.JCL(LAB03) - 01.12                    Columns 00001 00072
      ***************************** Top of Data ******************************
000100 //UCIDS05A JOB UCIDS05,'PROF ANA BORBA'
000200 //STEP1    EXEC PGM=IEFBR14
C00210 //* ISTO E UM COMENTARIO
       //DD1      DD DSN=UCIDS05.P02.PDS1,DISP=(NEW,CATLG),
000310 //            UNIT=SYSDA,DCB=(RECFM=FB,LRECL=80),
000400 //            SPACE=(TRK,(1,1,5)),VOL=SER=SADMP1
A00500 //STEP2    EXEC PGM=IEBGENER
000600 //SYSPRINT DD SYSOUT=*
000700 //SYSUT2   DD DSN=UCIDS05.P02.PDS1(DADOS01),DISP=SHR
000800 //SYSUT1   DD DSN=UCIDS05.JCL(DADOS01),DISP=OLD
000900 //SYSIN    DD DUMMY
      **************************** Bottom of Data ****************************

Command ===>                                              Scroll ===> CSR
 F1=Help     F2=Split    F3=Exit     F5=Rfind    F6=Rchange  F7=Up
 F8=Down     F9=Swap     F10=Left    F11=Right   F12=Cancel
                                 A                        11/003
```

Figura 2-29 Copiando uma Linha

```
-------------------------------------------------------------------------------
EDIT       UCIDS05.JCL(LAB03) - 01.12                      Columns 00001 00072
           ****************************** Top of Data ******************************
000100 //UCIDS05A JOB UCIDS05,'PROF ANA BORBA'
000200 //STEP1    EXEC PGM=IEFBR14
000210 //* ISTO E UM COMENTARIO
000300 //DD1      DD DSN=UCIDS05.P02.PDS1,DISP=(NEW,CATLG),
000310 //         UNIT=SYSDA,DCB=(RECFM=FB,LRECL=80),
000400 //         SPACE=(TRK,(1,1,5)),VOL=SER=SADMP1
000500 //STEP2    EXEC PGM=IEBGENER
       //* ISTO E UM COMENTARIO
000600 //SYSPRINT DD SYSOUT=*
000700 //SYSUT2   DD DSN=UCIDS05.P02.PDS1(DADOS01),DISP=SHR
000800 //SYSUT1   DD DSN=UCIDS05.JCL(DADOS01),DISP=OLD
000900 //SYSIN    DD DUMMY
           **************************** Bottom of Data ****************************

Command ===>                                                  Scroll ===> CSR
 F1=Help      F2=Split     F3=Exit      F5=Rfind     F6=Rchange   F7=Up
 F8=Down      F9=Swap     F10=Left     F11=Right    F12=Cancel
MA    a                         A                              12/002
```

Figura 2-30 Resultado do COPY

- **Copy** – copiando um bloco de linhas

```
-------------------------------------------------------------------------------
EDIT       UCIDS05.JCL(LAB03) - 01.12                      Columns 00001 00072
           ****************************** Top of Data ******************************
000100 //UCIDS05A JOB UCIDS05,'PROF ANA BORBA'
CC0200 //STEP1    EXEC PGM=IEFBR14
000210 //* ISTO E UM COMENTARIO
000300 //DD1      DD DSN=UCIDS05.P02.PDS1,DISP=(NEW,CATLG),
000310 //         UNIT=SYSDA,DCB=(RECFM=FB,LRECL=80),
CC0400 //         SPACE=(TRK,(1,1,5)),VOL=SER=SADMP1
000500 //STEP2    EXEC PGM=IEBGENER
       //* ISTO E UM COMENTARIO
000600 //SYSPRINT DD SYSOUT=*
000700 //SYSUT2   DD DSN=UCIDS05.P02.PDS1(DADOS01),DISP=SHR
000800 //SYSUT1   DD DSN=UCIDS05.JCL(DADOS01),DISP=OLD
A00900 //SYSIN    DD DUMMY
           **************************** Bottom of Data ****************************

Command ===>                                                  Scroll ===> CSR
 F1=Help      F2=Split     F3=Exit      F5=Rfind     F6=Rchange   F7=Up
 F8=Down      F9=Swap     F10=Left     F11=Right    F12=Cancel
MA    a                         A                              16/003
```

Figura 2-31 COPY - Um Bloco de Linhas

```
EDIT       UCIDS05.JCL(LAB03) - 01.12                        Columns 00001 00072
           ***************************** Top of Data ******************************
000100 //UCIDS05A JOB UCIDS05,'PROF ANA BORBA'
000200 //STEP1     EXEC PGM=IEFBR14
000210 //* ISTO E UM COMENTARIO
000300 //DD1       DD DSN=UCIDS05.P02.PDS1.DISP=(NEW,CATLG),
000310 //       UNIT=SYSDA,DCB=(RECFM=FB,LRECL=80),
000400 //       SPACE=(TRK,(1,1,5)),VOL=SER=SADMP1
000500 //STEP2     EXEC PGM=IEBGENER
000510 //* ISTO E UM COMENTARIO
000600 //SYSPRINT DD SYSOUT=*
000700 //SYSUT2    DD DSN=UCIDS05.P02.PDS1(DADOS01).DISP=SHR
000800 //SYSUT1    DD DSN=UCIDS05.JCL(DADOS01).DISP=OLD
000900 //SYSIN     DD DUMMY
_      //STEP1     EXEC PGM=IEFBR14
001100 //* ISTO E UM COMENTARIO
001200 //DD1       DD DSN=UCIDS05.P02.PDS1.DISP=(NEW,CATLG),
001300 //       UNIT=SYSDA,DCB=(RECFM=FB,LRECL=80),
001400 //       SPACE=(TRK,(1,1,5)),VOL=SER=SADMP1
Command ===>                                                  Scroll ===> CSR
 F1=Help      F2=Split     F3=Exit      F5=Rfind     F6=Rchange   F7=Up
 F8=Down      F9=Swap      F10=Left     F11=Right    F12=Cancel
 a                         A                                   17/002
```

Figura 2-32 COPY de um Bloco de Linhas

2.2.9 *Comandos Principais – MOVE*

O comando MOVE (**M**) funciona exatamente com as mesmas características do COPY, a diferença é que, neste caso, a linha original deixa de existir, ou seja, ela é movida e não copiada.

É necessário especificar o local para onde a linha, ou linhas, está sendo movida: **A** (after), **B** (before) e **O** (overlay).

Da mesma forma, também podemos MOVER uma ou mais linhas utilizando **Mn** ou um conjunto de **MM.....MM.**

```
--------------------------------------------------------------------------------
EDIT       UCIDS05.JCL(LAB06) - 01.03                      Columns 00001 00072
       ****************************** Top of Data ******************************
000100 //UCIDS06D JOB UCIDS06,'PROF ANA BORBA',MSGLEVEL=(1,1)
000200 //STEP1    EXEC PGM=IEBGENER
MM0210 //*
000220 //* ISTO E UM COMENTARIO
MM0230 //*
000300 //SYSPRINT DD SYSOUT=*
       //SYSUT1   DD DSN=UCIDS06.JCL(DADOS02),DISP=SHR
000500 //SYSUT2   DD DSN=UCIDS06.P02.SEQ1,DISP=MOD
000600 //SYSIN    DD DUMMY
000700 //*******************************************
A00800 //STEP2    EXEC PGM=IEBGENER
000900 //SYSPRINT DD SYSOUT=*
001000 //SYSUT1   DD DSN=UCIDS06.P02.SEQ1,DISP=SHR
001100 //SYSUT2   DD SYSOUT=*
001200 //SYSIN    DD DUMMY
       **************************** Bottom of Data ****************************

Command ===>                                                  Scroll ===> CSR
 F1=Help      F2=Split     F3=Exit      F5=Rfind     F6=Rchange   F7=Up
 F8=Down      F9=Swap     F10=Left     F11=Right    F12=Cancel
    a                             A                               15/003
```

Figura 2-33 Comando MOVE

```
--------------------------------------------------------------------------------
EDIT       UCIDS05.JCL(LAB06) - 01.03                      Columns 00001 00072
       ****************************** Top of Data ******************************
000100 //UCIDS06D JOB UCIDS06,'PROF ANA BORBA',MSGLEVEL=(1,1)
000200 //STEP1    EXEC PGM=IEBGENER
000300 //SYSPRINT DD SYSOUT=*
000400 //SYSUT1   DD DSN=UCIDS06.JCL(DADOS02),DISP=SHR
000500 //SYSUT2   DD DSN=UCIDS06.P02.SEQ1,DISP=MOD
000600 //SYSIN    DD DUMMY
000700 //*******************************************
000800 //STEP2    EXEC PGM=IEBGENER
_      //*
000820 //* ISTO E UM COMENTARIO
000830 //*
000900 //SYSPRINT DD SYSOUT=*
001000 //SYSUT1   DD DSN=UCIDS06.P02.SEQ1,DISP=SHR
001100 //SYSUT2   DD SYSOUT=*
001200 //SYSIN    DD DUMMY
       **************************** Bottom of Data ****************************

Command ===>                                                  Scroll ===> CSR
 F1=Help      F2=Split     F3=Exit      F5=Rfind     F6=Rchange   F7=Up
 F8=Down      F9=Swap     F10=Left     F11=Right    F12=Cancel
    a                             A                               13/002
```

Figura 2-34 Comando MOVE

2.2.10 Comandos Principais – REPEAT

O comando REPEAT (**R**) repete linhas.

Da mesma forma que os demais comandos de linha, posso repetir uma ou mais linhas.

```
EDIT       UCIDS05.JCL(LAB06) - 01.03                      Columns 00001 00072
       ***************************** Top of Data ******************************
000100 //UCIDS06D JOB UCIDS06,'PROF ANA BORBA',MSGLEVEL=(1,1)
000200 //STEP1    EXEC PGM=IEBGENER
000300 //SYSPRINT DD SYSOUT=*
000400 //SYSUT1   DD DSN=UCIDS06.JCL(DADOS02),DISP=SHR
000500 //SYSUT2   DD DSN=UCIDS06.P02.SEQ1,DISP=MOD
000600 //SYSIN    DD DUMMY
R00700 //*****************************************
000800 //STEP2    EXEC PGM=IEBGENER
       //*
000820 //* ISTO E UM COMENTARIO
000830 //*
000900 //SYSPRINT DD SYSOUT=*
001000 //SYSUT1   DD DSN=UCIDS06.P02.SEQ1,DISP=SHR
001100 //SYSUT2   DD SYSOUT=*
001200 //SYSIN    DD DUMMY
       **************************** Bottom of Data ****************************

Command ===>                                                   Scroll ===> CSR
 F1=Help      F2=Split     F3=Exit      F5=Rfind     F6=Rchange   F7=Up
 F8=Down      F9=Swap      F10=Left     F11=Right    F12=Cancel
                                  A                                11/003
```

Figura 2-35 Comando REPEAT

```
EDIT       UCIDS05.JCL(LAB06) - 01.03                      Columns 00001 00072
       ***************************** Top of Data ******************************
000100 //UCIDS06D JOB UCIDS06,'PROF ANA BORBA',MSGLEVEL=(1,1)
000200 //STEP1    EXEC PGM=IEBGENER
000300 //SYSPRINT DD SYSOUT=*
000400 //SYSUT1   DD DSN=UCIDS06.JCL(DADOS02),DISP=SHR
000500 //SYSUT2   DD DSN=UCIDS06.P02.SEQ1,DISP=MOD
000600 //SYSIN    DD DUMMY
000700 //*****************************************
       //*****************************************
000800 //STEP2    EXEC PGM=IEBGENER
000810 //*
000820 //* ISTO E UM COMENTARIO
000830 //*
000900 //SYSPRINT DD SYSOUT=*
001000 //SYSUT1   DD DSN=UCIDS06.P02.SEQ1,DISP=SHR
001100 //SYSUT2   DD SYSOUT=*
001200 //SYSIN    DD DUMMY
       **************************** Bottom of Data ****************************
Command ===>                                                   Scroll ===> CSR
 F1=Help      F2=Split     F3=Exit      F5=Rfind     F6=Rchange   F7=Up
 F8=Down      F9=Swap      F10=Left     F11=Right    F12=Cancel
                                  A                                12/002
```

Figura 2-36 Comando REPEAT

- **REPEAT** – repetindo várias vezes a mesma linha.
  - Rn → repetir n vezes a linha onde foi codificado o comando.

```
EDIT       UCIDS05.JCL(LAB06) - 01.03                       Columns 00001 00072
       ***************************** Top of Data ******************************
000100 //UCIDS06D JOB UCIDS06,'PROF ANA BORBA',MSGLEVEL=(1,1)
000200 //STEP1    EXEC PGM=IEBGENER
000300 //SYSPRINT DD SYSOUT=*
000400 //SYSUT1   DD DSN=UCIDS06.JCL(DADOS02),DISP=SHR
000500 //SYSUT2   DD DSN=UCIDS06.P02.SEQ1,DISP=MOD
000600 //SYSIN    DD DUMMY
R50700 //***************************************
       //STEP2    EXEC PGM=IEBGENER
000810 //*
000820 //* ISTO E UM COMENTARIO
000830 //*
000900 //SYSPRINT DD SYSOUT=*
001000 //SYSUT1   DD DSN=UCIDS06.P02.SEQ1,DISP=SHR
001100 //SYSUT2   DD SYSOUT=*
001200 //SYSIN    DD DUMMY
       **************************** Bottom of Data ****************************

Command ===>                                                  Scroll ===> CSR
 F1=Help      F2=Split     F3=Exit      F5=Rfind     F6=Rchange   F7=Up
 F8=Down      F9=Swap      F10=Left     F11=Right    F12=Cancel
 a                               A                              11/004
```

Figura 2-37 REPEAT a Mesma Linha

```
EDIT       UCIDS05.JCL(LAB06) - 01.03                       Columns 00001 00072
       ***************************** Top of Data ******************************
000100 //UCIDS06D JOB UCIDS06,'PROF ANA BORBA',MSGLEVEL=(1,1)
000200 //STEP1    EXEC PGM=IEBGENER
000300 //SYSPRINT DD SYSOUT=*
000400 //SYSUT1   DD DSN=UCIDS06.JCL(DADOS02),DISP=SHR
000500 //SYSUT2   DD DSN=UCIDS06.P02.SEQ1,DISP=MOD
000600 //SYSIN    DD DUMMY
000700 //***************************************
       //***************************************
000720 //***************************************
000730 //***************************************
000740 //***************************************
000750 //***************************************
000800 //STEP2    EXEC PGM=IEBGENER
000810 //*
000820 //* ISTO E UM COMENTARIO
000830 //*
000900 //SYSPRINT DD SYSOUT=*
Command ===>                                                  Scroll ===> CSR
 F1=Help      F2=Split     F3=Exit      F5=Rfind     F6=Rchange   F7=Up
 F8=Down      F9=Swap      F10=Left     F11=Right    F12=Cancel
 a                               A                              12/002
```

Figura 2-38 REPEAT Rn

- RR.....RR → repete o grupo de linhas do primeiro RR até o segundo.

```
EDIT        UCIDS05.JCL(LAB06) - 01.03                      Columns 00001 00072
           ***************************** Top of Data ******************************
000100 //UCIDS06D JOB UCIDS06,'PROF ANA BORBA',MSGLEVEL=(1,1)
RR0200 //STEP1     EXEC PGM=IEBGENER
000300 //SYSPRINT DD SYSOUT=*
000400 //SYSUT1    DD DSN=UCIDS06.JCL(DADOS02),DISP=SHR
000500 //SYSUT2    DD DSN=UCIDS06.P02.SEQ1,DISP=MOD
RR0600 //SYSIN     DD DUMMY
000700 //*****************************************
       //STEP2     EXEC PGM=IEBGENER
000810 //*
000820 //* ISTO E UM COMENTARIO
000830 //*
000900 //SYSPRINT DD SYSOUT=*
001000 //SYSUT1    DD DSN=UCIDS06.P02.SEQ1,DISP=SHR
001100 //SYSUT2    DD SYSOUT=*
001200 //SYSIN     DD DUMMY
           **************************** Bottom of Data ****************************

Command ===>                                                   Scroll ===> CSR
 F1=Help      F2=Split     F3=Exit      F5=Rfind     F6=Rchange   F7=Up
 F8=Down      F9=Swap      F10=Left     F11=Right    F12=Cancel
MA     a                  A                                  10/004
```

Figura 2-39 REPEAT Bloco de Linhas

```
EDIT        UCIDS05.JCL(LAB06) - 01.03                      Columns 00001 00072
           ***************************** Top of Data ******************************
000100 //UCIDS06D JOB UCIDS06,'PROF ANA BORBA',MSGLEVEL=(1,1)
000200 //STEP1     EXEC PGM=IEBGENER
000300 //SYSPRINT DD SYSOUT=*
000400 //SYSUT1    DD DSN=UCIDS06.JCL(DADOS02),DISP=SHR
000500 //SYSUT2    DD DSN=UCIDS06.P02.SEQ1,DISP=MOD
000600 //SYSIN     DD DUMMY
_      //STEP1     EXEC PGM=IEBGENER
000620 //SYSPRINT DD SYSOUT=*
000630 //SYSUT1    DD DSN=UCIDS06.JCL(DADOS02),DISP=SHR
000640 //SYSUT2    DD DSN=UCIDS06.P02.SEQ1,DISP=MOD
000650 //SYSIN     DD DUMMY
000700 //*****************************************
000800 //STEP2     EXEC PGM=IEBGENER
000810 //*
000820 //* ISTO E UM COMENTARIO
000830 //*
000900 //SYSPRINT DD SYSOUT=*
Command ===>                                                   Scroll ===> CSR
 F1=Help      F2=Split     F3=Exit      F5=Rfind     F6=Rchange   F7=Up
 F8=Down      F9=Swap      F10=Left     F11=Right    F12=Cancel
MA     a                  A                                  11/002
```

Figura 2-40 Resultado do REPEAT

2.2.11 Comandos Principais – INSERT

O comando Insert insere linhas em branco para que sejam preenchidas com dados, e é um comando de linha que deve ser teclado exatamente no ponto onde as linhas deverão ser inseridas.

Possui dois formatos:

- I → insere uma linha após aquela em que foi digitado.
- In → insere *n* linhas após aquela em que foi digitado.

As linhas inseridas contêm apóstrofos na área de numeração até que sejam preenchidas por dados.

As linhas não utilizadas são eliminadas quando é dado o *ENTER*.

```
EDIT       UCIDS05.JCL(LAB06) - 01.02                  Columns 00001 00072
      ***************************** Top of Data ******************************
000100 //UCIDS06D JOB UCIDS06,'PROF ANA BORBA',MSGLEVEL=(1,1)
000200 //STEP1    EXEC PGM=IEBGENER
000300 //SYSPRINT DD SYSOUT=*
000400 //SYSUT1   DD DSN=UCIDS06.JCL(DADOS02),DISP=SHR
000500 //SYSUT2   DD DSN=UCIDS06.P02.SEQ1,DISP=MOD
I00600 //SYSIN    DD DUMMY
000700 //***************************************
000800 //STEP2    EXEC PGM=IEBGENER
000900 //SYSPRINT DD SYSOUT=*
001000 //SYSUT1   DD DSN=UCIDS06.P02.SEQ1,DISP=SHR
001100 //SYSUT2   DD SYSOUT=*
001200 //SYSIN    DD DUMMY
      **************************** Bottom of Data ****************************

Command ===>                                                  Scroll ===> CSR
 F1=Help      F2=Split     F3=Exit      F5=Rfind     F6=Rchange   F7=Up
 F8=Down      F9=Swap     F10=Left     F11=Right    F12=Cancel
MA   a                         A                                  10/004
```

Figura 2-41 Comando INSERT

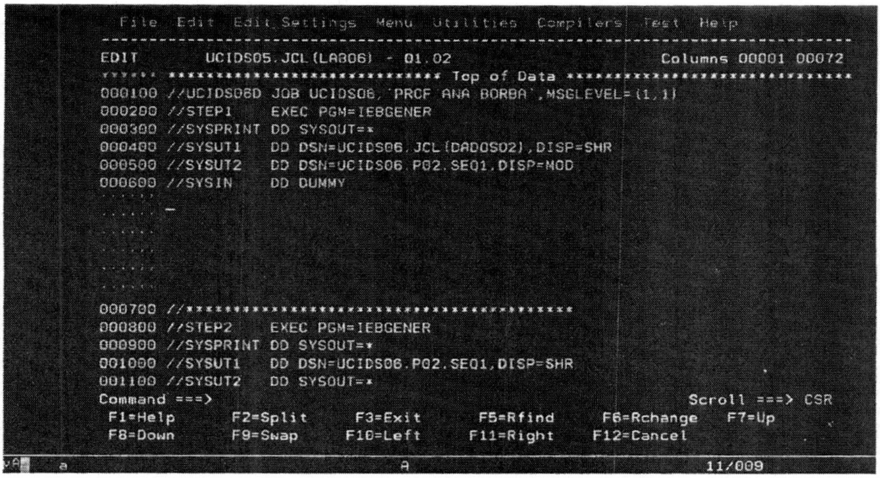

```
 File  Edit  Edit_Settings  Menu  Utilities  Compilers  Test  Help
-------------------------------------------------------------------------------
EDIT       UCIDS05.JCL(LAB06) - 01.02                      Columns 00001 00072
****** ***************************** Top of Data ******************************
000100 //UCIDS06D JOB UCIDS06,'PROF ANA BORBA',MSGLEVEL=(1,1)
000200 //STEP1    EXEC PGM=IEBGENER
000300 //SYSPRINT DD SYSOUT=*
000400 //SYSUT1   DD DSN=UCIDS06.JCL(DADOS02),DISP=SHR
000500 //SYSUT2   DD DSN=UCIDS06.P02.SEQ1,DISP=MOD
000600 //SYSIN    DD DUMMY
''''''
'''''' -
''''''
''''''
''''''
''''''
000700 //*****************************************
000800 //STEP2    EXEC PGM=IEBGENER
000900 //SYSPRINT DD SYSOUT=*
001000 //SYSUT1   DD DSN=UCIDS06.P02.SEQ1,DISP=SHR
001100 //SYSUT2   DD SYSOUT=*
Command ===>                                                  Scroll ===> CSR
 F1=Help      F2=Split     F3=Exit      F5=Rfind     F6=Rchange   F7=Up
 F8=Down      F9=Swap     F10=Left     F11=Right    F12=Cancel
                                                                  11/009
```

Figura 2-42 Linhas Inseridas Disponíveis para Dados

2.2.12 *Comandos Principais – DELETE*

O comando DELETE (**D**) apaga linhas.

Para apagar uma linha, basta digitar D na linha em que se deseja apagar, mas também é possível apagar várias linhas individuais de uma só vez, digitando um D em cada linha que se deseja apagar; ou ainda apagar **n** linhas seguidas digitando-se **Dn**, onde n é o número de linhas que serão apagadas.

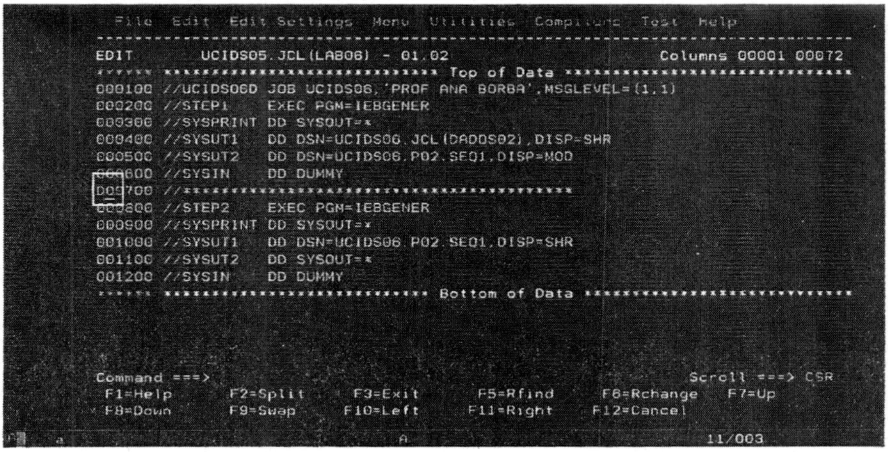

```
 File  Edit  Edit_Settings  Menu  Utilities  Compilers  Test  Help
-------------------------------------------------------------------------------
EDIT       UCIDS05.JCL(LAB06) - 01.02                      Columns 00001 00072
****** ***************************** Top of Data ******************************
000100 //UCIDS06D JOB UCIDS06,'PROF ANA BORBA',MSGLEVEL=(1,1)
000200 //STEP1    EXEC PGM=IEBGENER
000300 //SYSPRINT DD SYSOUT=*
000400 //SYSUT1   DD DSN=UCIDS06.JCL(DADOS02),DISP=SHR
000500 //SYSUT2   DD DSN=UCIDS06.P02.SEQ1,DISP=MOD
000600 //SYSIN    DD DUMMY
D00700 //*****************************************
000800 //STEP2    EXEC PGM=IEBGENER
000900 //SYSPRINT DD SYSOUT=*
001000 //SYSUT1   DD DSN=UCIDS06.P02.SEQ1,DISP=SHR
001100 //SYSUT2   DD SYSOUT=*
001200 //SYSIN    DD DUMMY
****** **************************** Bottom of Data ****************************

Command ===>                                                  Scroll ===> CSR
 F1=Help      F2=Split     F3=Exit      F5=Rfind     F6=Rchange   F7=Up
 F8=Down      F9=Swap     F10=Left     F11=Right    F12=Cancel
                                                                  11/003
```

Figura 2-43 Deletando uma Linha

```
  File  Edit  Edit_Settings  Menu  Utilities  Compilers  Test  Help
-------------------------------------------------------------------------------
EDIT       UCIDS05.JCL(LAB06) - 01.03                    Columns 00001 00072
****** ***************************** Top of Data ******************************
000100 //UCIDS06D JOB UCIDS06,'PROF ANA BORBA',MSGLEVEL=(1,1)
000200 //STEP1    EXEC PGM=IEBGENER
000300 //SYSPRINT DD SYSOUT=*
000400 //SYSUT1   DD DSN=UCIDS06.JCL(DADOS02),DISP=SHR
000500 //SYSUT2   DD DSN=UCIDS06.P02.SEQ1,DISP=MOD
000600 //SYSIN    DD DUMMY
000800 //STEP2    EXEC PGM=IEBGENER
000900 //SYSPRINT DD SYSOUT=*
001000 //SYSUT1   DD DSN=UCIDS06.P02.SEQ1,DISP=SHR
001100 //SYSUT2   DD SYSOUT=*
001200 //SYSIN    DD DUMMY
****** **************************** Bottom of Data ****************************


Command ===>                                                  Scroll ===> CSR
 F1=Help      F2=Split     F3=Exit      F5=Rfind     F6=Rchange   F7=Up
 F8=Down      F9=Swap     F10=Left     F11=Right    F12=Cancel
                              A                                      11/002
```

Figura 2-44 Resultado do DELETE

```
  File  Edit  Edit_Settings  Menu  Utilities  Compilers  Test  Help
-------------------------------------------------------------------------------
EDIT       UCIDS05.JCL(LAB06) - 01.03                    Columns 00001 00072
****** ***************************** Top of Data ******************************
000100 //UCIDS06D JOB UCIDS06,'PROF ANA BORBA',MSGLEVEL=(1,1)
000200 //STEP1    EXEC PGM=IEBGENER
000300 //SYSPRINT DD SYSOUT=*
000400 //SYSUT1   DD DSN=UCIDS06.JCL(DADOS02),DISP=SHR
000500 //SYSUT2   DD DSN=UCIDS06.P02.SEQ1,DISP=MOD
000600 //SYSIN    DD DUMMY
D60700 //*************************************
000800 //STEP2    EXEC PGM=IEBGENER
000900 //SYSPRINT DD SYSOUT=*
001000 //SYSUT1   DD DSN=UCIDS06.P02.SEQ1,DISP=SHR
001100 //SYSUT2   DD SYSOUT=*
001200 //SYSIN    DD DUMMY
****** **************************** Bottom of Data ****************************


Command ===>                                                  Scroll ===> CSR
 F1=Help      F2=Split     F3=Exit      F5=Rfind     F6=Rchange   F7=Up
 F8=Down      F9=Swap     F10=Left     F11=Right    F12=Cancel
                              A                                      11/004
```

Figura 2-45 Deletando as n Linhas Seguintes ao Comando

```
 File  Edit  Edit Settings  Menu  Utilities  Compilers  Test  Help
-------------------------------------------------------------------------------
EDIT       UCIDS05.JCL(LAB06) - 01.03                    Columns 00001 00072
****** ***************************** Top of Data ******************************
000100 //UCIDS06D JOB UCIDS06,'PROF ANA BORBA',MSGLEVEL=(1,1)
000200 //STEP1    EXEC PGM=IEBGENER
000300 //SYSPRINT DD SYSOUT=*
000400 //SYSUT1   DD DSN=UCIDS06.JCL(DADOS02),DISP=SHR
000500 //SYSUT2   DD DSN=UCIDS06.P02.SEQ1,DISP=MOD
000600 //SYSIN    DD DUMMY
****** **************************** Bottom of Data ****************************

Command ===>                                                  Scroll ===> CSR
 F1=Help      F2=Split     F3=Exit      F5=Rfind     F6=Rchange   F7=Up
 F8=Down      F9=Swap      F10=Left     F11=Right    F12=Cancel
   a                            A                                11/002
```

Figura 2-46 n Linhas Deletadas

- Ainda temos outra maneira de deletar linhas, **DD.....DD** que apaga o grupo de linhas compreendidas entre as linhas onde são codificados os DDs.

```
-------------------------------------------------------------------------------
EDIT       UCIDS05.JCL(LAB06) - 01.02                    Columns 00001 00072
       ***************************** Top of Data ******************************
000100 //UCIDS06D JOB UCIDS06,'PROF ANA BORBA',MSGLEVEL=(1,1)
000200 //STEP1    EXEC PGM=IEBGENER
000300 //SYSPRINT DD SYSOUT=*
000400 //SYSUT1   DD DSN=UCIDS06.JCL(DADOS02),DISP=SHR
000500 //SYSUT2   DD DSN=UCIDS06.P02.SEQ1,DISP=MOD
000600 //SYSIN    DD DUMMY
DD0700 //*********************************************
000800 //STEP2    EXEC PGM=IEBGENER
000900 //SYSPRINT DD SYSOUT=*
001000 //SYSUT1   DD DSN=UCIDS06.P02.SEQ1,DISP=SHR
001100 //SYSUT2   DD SYSOUT=*
DD1200 //SYSIN    DD DUMMY
       **************************** Bottom of Data ****************************

Command ===>                                                  Scroll ===> CSR
 F1=Help      F2=Split     F3=Exit      F5=Rfind     F6=Rchange   F7=Up
 F8=Down      F9=Swap      F10=Left     F11=Right    F12=Cancel
   a                            A                                16/004
```

Figura 2-47 Deleta bloco de Linhas

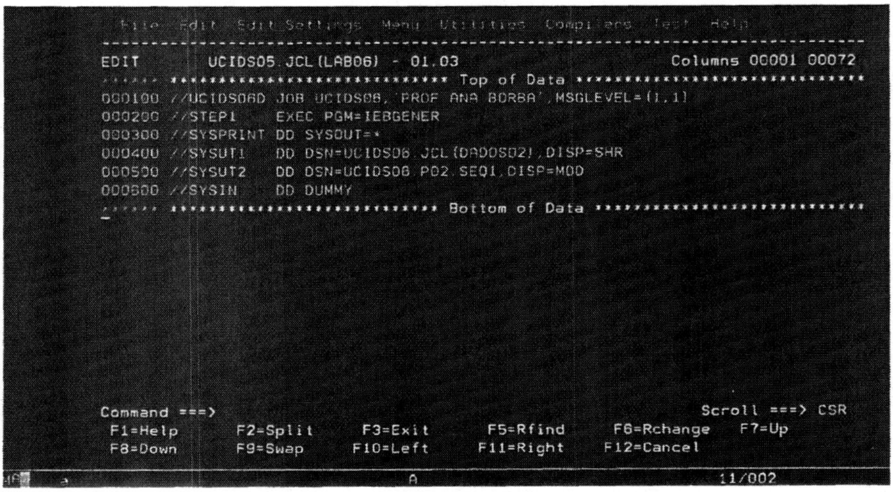

```
 File  Edit  Edit_Settings  Menu  Utilities  Compilers  Test  Help
-------------------------------------------------------------------------------
EDIT       UCIDS05.JCL(LAB06) - 01.03                      Columns 00001 00072
****** ***************************** Top of Data ******************************
000100 //UCIDS06D JOB UCIDS06,'PROF ANA BORBA',MSGLEVEL=(1,1)
000200 //STEP1    EXEC PGM=IEBGENER
000300 //SYSPRINT DD SYSOUT=*
000400 //SYSUT1   DD DSN=UCIDS06.JCL(DADOS02),DISP=SHR
000500 //SYSUT2   DD DSN=UCIDS06.PO2.SEQ1,DISP=MOD
000600 //SYSIN    DD DUMMY
****** **************************** Bottom of Data ****************************

Command ===>                                                  Scroll ===> CSR
 F1=Help      F2=Split     F3=Exit      F5=Rfind     F6=Rchange   F7=Up
 F8=Down      F9=Swap      F10=Left     F11=Right    F12=Cancel
                               A                              11/002
```

Figura 2-48 Linhas Deletadas

Quando toda a edição do membro houver sido completada, pressione a tecla *END KEY* (PF3). Quando isto é feito o ISPF salva o membro alterado na biblioteca original.

Outra alternativa para salvar o membro editado é emitir o comando SAVE na linha de comandos.

E se não quiser salvar as alterações feitas, o comando a ser usado é o CANCEL. Nenhuma das alterações é gravada no arquivo e retornamos ao painel anterior.

Lista de Exercícios I

1) Qual das abaixo deve ser colocada na opção de scroll na função de browse do ISPF, para mover uma tela inteira quando teclar PF7 ou PF8?

a) PAGE

b) HALF

c) ONEPAGE

d) DATA

2) O que você recebe quando deixa o campo membro em branco para um PDS na opção de EDIT do ISPF?

a) Uma lista de arquivos a serem selecionados.

b) Uma lista de membros a serem selecionados.

c) Um dump do catálogo.

d) O primeiro membro do arquivo.

3) Ligue cada comando de linha de edição do ISPF à descrição apropriada.

Comando	Descrição
M	A. Repete um bloco de linhas
RR	B. Move a linha corrente
R	C. Indica o destino de um comando COPY ou MOVE
A	D. Repete a linha corrente

A. __________

B. __________

C. __________

D. __________

4) Qual o comando de linha do editor do ISPF que deve ser utilizado para inserir 9 linhas no ponto que o comando foi emitido?

5) Quais das seguintes descrevem um arquivo particionado?

a) Ele consiste de um diretório e de um ou mais membros.

b) Também pode ser chamado de biblioteca.

c) Os registros podem ser lidos na ordem em que foram escritos.

d) Cada membro é funcionalmente um arquivo sequencial.

6) Qual PF Key deve ser utilizada para receber informações de ajuda?

a) PF1

b) PF3

c) PF8

d) PF12

7) Dê exemplo de um nome de um PDS que irá conter módulos de carga oriundos de programas COBOL. A profile do data set deverá ser a default.

8) Qual é o comando utilizado para encerrar uma sessão de TSO?

9) Qual o comando que deve ser dado para verificar se tudo que for escrito em um membro sendo editado será transformado para maiúsculo ou não? Qual o parâmetro que define esta opção?

10) Quando editando um arquivo e se desejando trocar todas as ocorrências do string JUNHO/08 por JULHO/2008. Qual o comando deverá ser emitido?

2.3 Opção 3 → Utilities

Os Utilitários nos permitem um grande número de operações com arquivos.

```
 Menu  Help
------------------------------------------------------------------------------
                        Utility Selection Panel
                                                                   More:    +
 1  Library      Compress or print data set.  Print index listing.  Print,
                   rename, delete, browse, edit or view members
 2  Data Set     Allocate, rename, delete, catalog, uncatalog, or display
                   information of an entire data set
 3  Move/Copy    Move, or copy members or data sets
 4  Dslist       Print or display (to process) list of data set names.
                   Print or display VTOC information
 5  Reset        Reset statistics for members of ISPF library
 6  Hardcopy     Initiate hardcopy output
 7  Transfer     Download ISPF Client/Server or Transfer data set
 8  Outlist      Display, delete, or print held job output
 9  Commands     Create/change an application command table
11  Format       Format definition for formatted data Edit/Browse
12  SuperC       Compare data sets                          (Standard Dialog)
13  SuperCE      Compare data sets Extended                 (Extended Dialog)
14  Search-For   Search data sets for strings of data       (Standard Dialog)
15  Search-ForE  Search data sets for strings of data Extended (Extended Dialog)
Option ===> _
 F1=Help      F2=Split      F3=Exit      F7=Backward  F8=Forward   F9=Swap
F10=Actions  F12=Cancel
                                                                  22/014
```

Figura 2-49 Utility Selection Panel

2.3.1 Opção 3.2 → Data Set

Como nas demais telas, o arquivo pode ser especificado como ISPF Library ou Other data sets.

Escolhemos uma das opções, as principais são:

- em branco
- A
- D
- R

```
   Menu  RefList  Utilities  Help
 ------------------------------------------------------------------------------
                             Data Set Utility

      A Allocate new data set                   C Catalog data set
      R Rename entire data set                  U Uncatalog data set
      D Delete entire data set                  S Short data set information
  blank Data set information                    V VSAM Utilities

 ISPF Library:
    Project  . .                   Enter "/" to select option
    Group  . . .                   /  Confirm Data Set Delete
    Type . . . .

 Other Partitioned, Sequential or VSAM Data Set:
    Data Set Name  . . .
    Volume Serial  . . .           (If not cataloged, required for option "C")

 Data Set Password  . .            (If password protected)


 Option ===> _
  F1=Help      F2=Split     F3=Exit      F7=Backward  F8=Forward   F9=Swap
 F10=Actions  F12=Cancel
```

Figura 2-50 Opção 3.2 - Data Set

2.3.1.1 Opção em Branco

O arquivo já existe e serão exibidas informações de alocação do mesmo.

A tela da figura 2-51 nos apresenta um exemplo de informações de alocação para um arquivo não gerenciado pelo SMS.

```
                             Data Set Information

 Data Set Name  . . . : SYS1.PROCLIB

 General Data                          Current Allocation
  Volume serial . . . : Z18CA0          Allocated blocks  . : 38
  Device type . . . . : 3390            Allocated extents . : 16
  Organization  . . . : PO              Maximum dir. blocks : 10
  Record format . . . : FB
  Record length . . . : 80
  Block size  . . . . : 27920          Current Utilization
  1st extent blocks . : 6               Used blocks . . . . : 25
  Secondary blocks  . : 3               Used extents  . . . : 11
                                        Used dir. blocks  . : 10
  Creation date . . . : 2007/01/18      Number of members . : 93
  Referenced date . . : 2008/06/18
  Expiration date . . : ***None***



 Command ===> _
  F1=Help      F2=Split     F3=Exit      F7=Backward  F8=Forward   F9=Swap
 F12=Cancel
```

Figura 2-51 Opção em Branco – Arquivo não-SMS

A tela da figura 2-52 nos apresenta o mesmo que a tela anterior, só que com informações de arquivo gerenciado pelo SMS.

```
                          Data Set Information
                                                               More:     +
Data Set Name . . . . : UCIDSGS.ISPF.ISPPROF

General Data                            Current Allocation
 Management class . . : **None**         Allocated cylinders . : 5
 Storage class  . . . : **None**         Allocated extents . . : 1
  Volume serial . . . : ZOSDSK
  Device type . . . . : 3390
 Data class . . . . . : **None**        Current Utilization
  Organization  . . . : PO               Used cylinders  . . . : 1
  Record format . . . : FB               Used extents  . . . . : 1
  Record length . . . : 80
  Block size  . . . . : 6160
  1st extent cylinders: 5
  Secondary cylinders : 1
  Data set name type  : PDS

  Creation date . . . : 2008/06/03       Referenced date . . . : 2008/08/16
  Expiration date . . : ***None***

Command ===> _
 F1=Help    F2=Split    F3=Exit      F7=Backward  F8=Forward   F9=Swap
F12=Cancel
                                                                   22/015
```

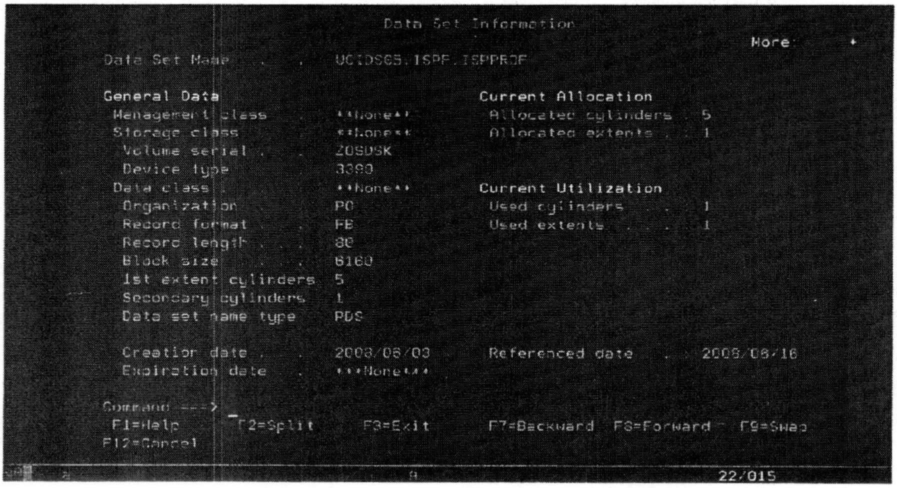

Figura 2-52 Opção em Branco - arquivo SMS

2.3.1.2 Opção A

Esta opção é utilizada para alocar arquivos. Após o enter no menu Utilities será apresentada uma nova tela onde serão fornecidas as informações necessárias à alocação física do arquivo.

Esta tela também varia para arquivos gerenciados e não-gerenciados pelo SMS. No exemplo da figura 2-53 mostramos uma alocação de arquivo gerenciado pelo SMS.

Esta tela traz alguns campos já preenchidos com os valores do último arquivo exibido ou alocado.

Dica: pode-se usar esta característica quando se deseja alocar um arquivo com as mesmas características de outro já existente.

Obs.: Não é possível, nesta tela, informar que o número de blocos de diretório é zero e que o tipo do data set é PDS. Recebemos a mensagem: *Invalid Combination*.

```
  Menu  RefList  Utilities  Help
 ------------------------------------------------------------------------------
                          Allocate New Data Set
                                                                  More:     +
 Data Set Name  . . . : UCIDS05.TESTE.JCL

 Management class . . . _              (Blank for default management class)
 Storage class  . . . .                (Blank for default storage class)
  Volume serial . . . . ZOSDSK         (Blank for system default volume) **
  Device type . . . . .                (Generic unit or device address) **
 Data class . . . . . .                (Blank for default data class)
  Space units . . . . . CYLINDER       (BLKS, TRKS, CYLS, KB, MB, BYTES
                                        or RECORDS)
  Average record unit                  (M, K, or U)
  Primary quantity  . . 5              (In above units)
  Secondary quantity    1              (In above units)
  Directory blocks  . . 0              (Zero for sequential data set) *
  Record format . . . . FB
  Record length . . . . 80
  Block size  . . . . . 6160
  Data set name type    PDS            (LIBRARY, HFS, PDS, LARGE, BASIC, *
 Command ===>
  F1=Help     F2=Split     F3=Exit      F7=Backward  F8=Forward   F9=Swap
 F10=Actions  F12=Cancel
                               A                                 07/025
```

Figura 2-53 Alocando Arquivos

2.3.1.3 Opção D

Nesta opção apagamos um arquivo já existente.

Por questões de segurança, o ISPF nos envia uma outra tela solicitando uma confirmação da operação de delete solicitada.

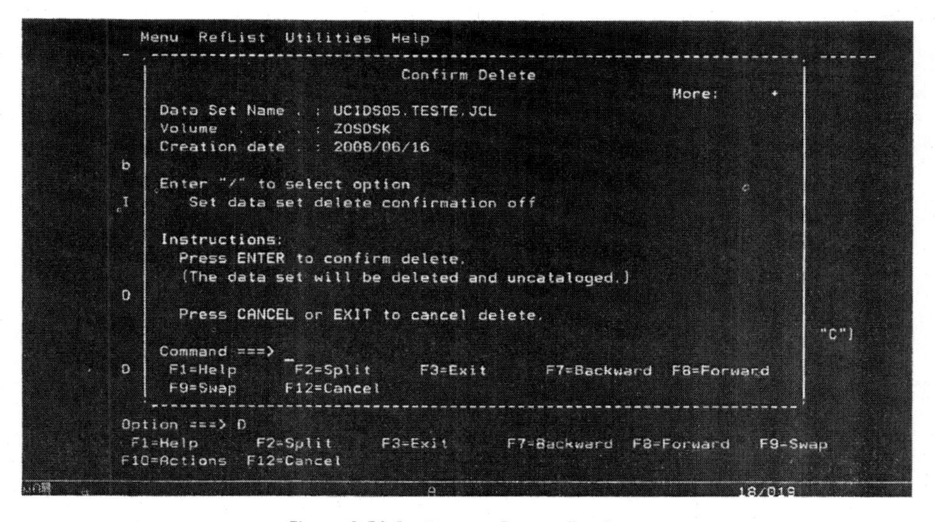

Figura 2-54 Opção para Apagar Arquivos

2.3.1.4 Opção R

Esta opção é utilizada para alterarmos o nome de um arquivo.

Após teclarmos R na tela de Utilities nos é apresentada a tela da figura 2-55 para informarmos o novo nome do arquivo.

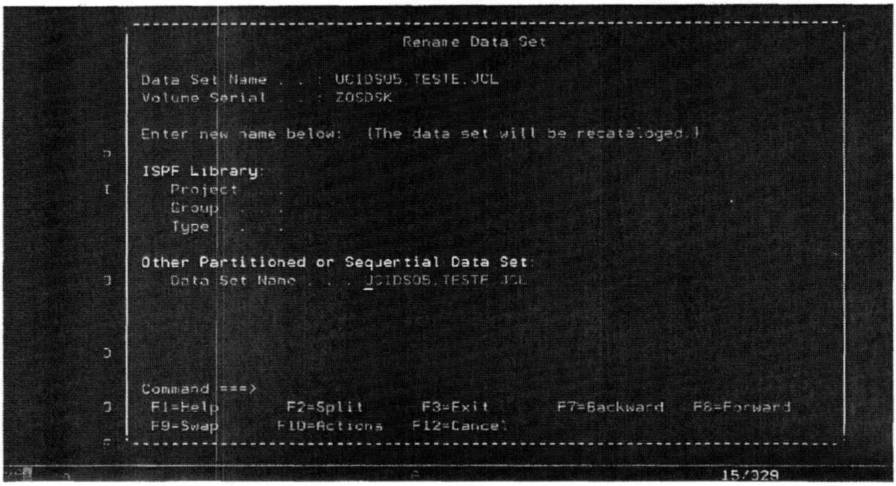

```
                         Rename Data Set

Data Set Name . . . : UCIDS05.TESTE.JCL
Volume Serial . . . : ZOSDSK

Enter new name below:  (The data set will be recataloged.)

ISPF Library:
   Project . . .
   Group . . . .
   Type  . . . .

Other Partitioned or Sequential Data Set:
   Data Set Name . . . UCIDS05.TESTE.JCL

Command ===>
 F1=Help       F2=Split      F3=Exit       F7=Backward   F8=Forward
 F9=Swap      F10=Actions   F12=Cancel
                                                              15/029
```

Figura 2-55 Renomeando um Arquivo

2.3.2 *Opção 3.3 → MOVE/COPY*

As principais ações desta opção são: **M** → move ou **C** → copy.

A primeira tela exibida é para especificarmos o arquivo de origem (FROM Data Set).

Se o arquivo for um particionado, podemos:

- especificar o nome de um único membro que se queira copiar;
- especificar no nome do membro um "*", significando que todos os membros do particionado serão copiados;
- especificar uma máscara, por exemplo FAT*, ou deixar o nome do membro em branco, para que seja exibida uma lista dos membros do PDS passíveis de serem selecionados.
  - um membro é selecionado da lista teclando um **S** ao lado de seu nome.
  - pode-se selecionar vários membros de uma só vez.
- após o preenchimento desta tela, será apresentada a tela em que informaremos o arquivo de destino.

```
   Menu  RefList  Utilities  Help
 ------------------------------------------------------------------------
                           Move/Copy Utility

 C  Copy data set or member(s)          CP Copy and print
 M  Move data set or member(s)          MP Move and print

Specify "From" Data Set below, then press Enter key

From ISPF Library:
   Project . . .               (--- Options C and CP only        ---)
   Group . . . .         . . .        . . .           . . .
   Type  . . . .
   Member  . . .                 (Blank or pattern for member list,
                                  "*" for all members)

From Other Partitioned or Sequential Data Set:
   Data Set Name . . .
   Volume Serial . . .           (If not cataloged)

Data Set Password  . .           (If password protected)
Option ===> _
 F1=Help     F2=Split     F3=Exit      F7=Backward  F8=Forward    F9=Swap
F10=Actions  F12=Cancel
                                                                22/014
```

Figura 2-56 "FROM" Data Set

Nesta tela será especificado o arquivo para o qual o(s) membro(s) especificado(s) anteriormente será movido ou copiado.

Como podemos observar na figura 2-57, podemos selecionar a opção de *"Replace like-named members"*, que faz com que membros do arquivo de destino que tenham nomes iguais a membros que estão sendo copiados ou movidos sejam substituídos por estes.

```
   Menu  RefList  Utilities  Help
 ------------------------------------------------------------------------
 COPY      From SYS1.PROCLIB
                                                          More:      +
 Specify "To" Data Set Below

 To ISPF Library:                   Options:
    Project . . . _                    Enter "/" to select option
    Group . . . .                        Replace like-named members
    Type  . . . .                      / Process member aliases

 To Other Partitioned or Sequential Data Set:
    Data Set Name . . .
    Volume Serial . . .             (If not cataloged)

 Data Set Password  . .             (If password protected)

 To Data Set Options:
    Sequential Disposition          Pack Option          SCLM Setting
       1. Mod                       3  1. Yes            3  1. SCLM
       2. Old                          2. No                2. Non-SCLM
 Command ===>
  F1=Help     F2=Split     F3=Exit      F7=Backward  F8=Forward    F9=Swap
 F10=Actions  F12=Cancel
                                                                08/018
```

Figura 2-57 "TO" Data Set

2.3.3 Opção 3.4 – DSLIST

No topo da tela do utilitário DSLIST (opção 3.4) estão as quatro opções. A mais utilizada delas é a opção – Display Data Set List, pois é iniciando deste ponto que se executa a maioria das operações com data sets.

Deixando a linha de comando em branco e pressionando ENTER, o utilitário fornece uma lista de data sets.

Podemos determinar o conjunto de data sets que queremos receber, informando um ou mais níveis do nome do arquivo e/ou o volume do qual queremos ver os arquivos.

Nesta tela, também é importante deixar marcadas com a barra "/" as opções "Confirm Data Set Delete" (solicitação de confirmação para apagar um arquivo), e "Confirm Member Delete" (confirmação para apagar um membro de um data set).

- Opção **V** → lista as informações da VTOC do volume especificado no campo *"volume serial"*.
- *Opção em branco* → lista as informações de arquivos especificados em Dsname Level. Se for especificado um volume serial, as informações do arquivo virão da VTOC do disco, porém se não especificarmos o volume serial, as informações serão coletadas do catálogo do sistema.
- O campo *"Dsname Level"* pode ser preenchido com um ou mais níveis de nomes de arquivos, ou ainda utilizar máscaras.

```
  Menu  RefList  RefMode  Utilities  Help
 ------------------------------------------------------------------------------
                            Data Set List Utility
                                                                    More:     +
    blank Display data set list                  P Print data set list
        V Display VTOC information              PV Print VTOC information

 Enter one or both of the parameters below:
    Dsname Level . . . UCIDSG5
    Volume serial  . .

 Data set list options
    Initial View . . . 1  1. Volume        Enter "/" to select option
                          2. Space         /  Confirm Data Set Delete
                          3. Attrib        /  Confirm Member Delete
                          4. Total         /  Include Additional Qualifiers
                                           /  Display Catalog Name

 When the data set list is displayed, enter either:
   "/" on the data set list command field for the command prompt pop-up,
   an ISPF line command, the name of a TSO command, CLIST, or REXX exec, or
 Option ===> _
  F1=Help     F2=Split     F3=Exit      F7=Backward  F8=Forward   F9=Swap
 F10=Actions  F12=Cancel
                                                                   22/014
```

Figura 2-58 Data Set List Utility

Ainda na figura 2-58 observamos que temos opções de *Initial View*, como veremos a seguir.

- **Initial View = 1. Volume →** é apresentado apenas o volume onde o arquivo foi alocado como mostrado na figura 2-59.

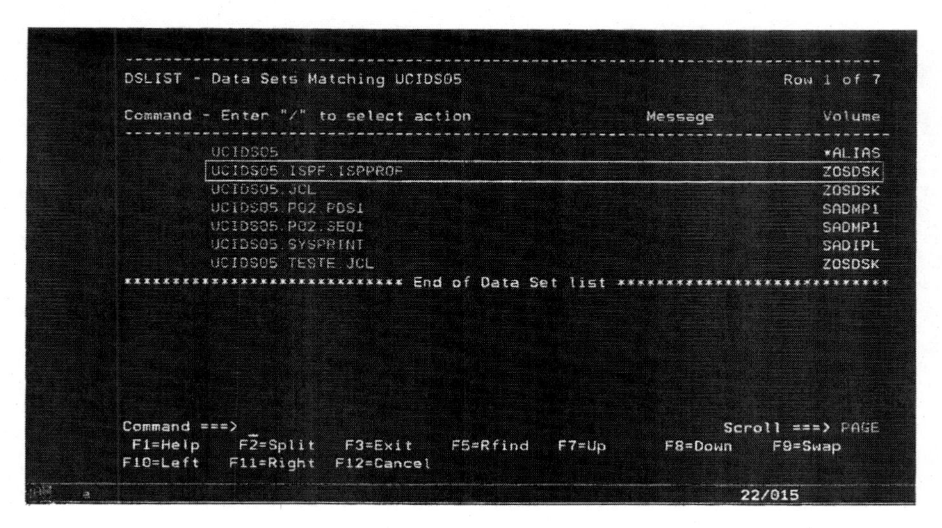

Figura 2-59 Initial View=1 -->Volume (default)

- **Initial View = 2. Space →** Nesta opção, mostrada na figura 2-60, são apresentadas as informações de alocação de espaço e de utilização dos data sets.
  - Tracks – número de trilhas alocadas.
  - %Used – percentual do espaço alocado que já foi utilizado.
  - XT – quantidade de *extents* do arquivo.
  - Device – tipo de dispositivo onde o arquivo foi alocado.

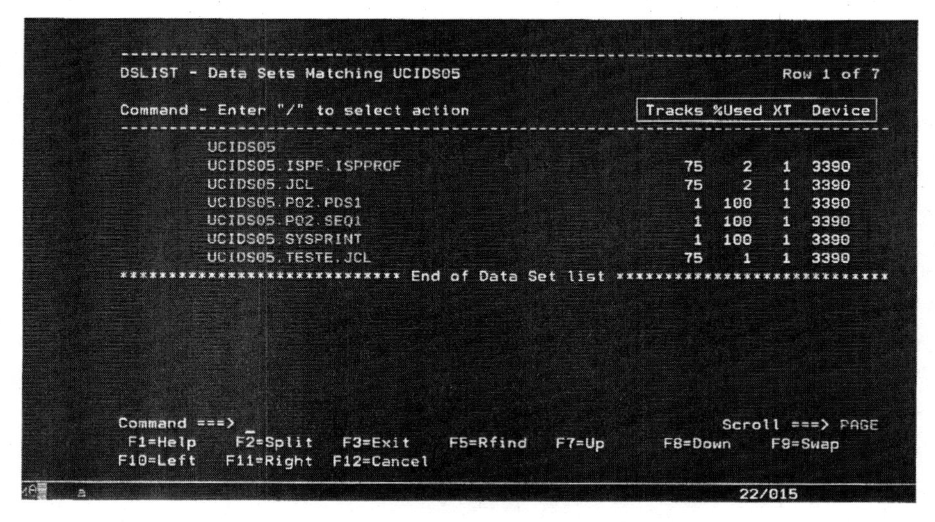

Figura 2-60 Initial View=2 --> Space

- **Initial View = 3. Attrib →** Esta é a visão dos atributos do arquivo. É a DCB. Como para arquivos VSAM não temos estas informações, só veremos o campo DSORG; os demais serão preenchidos por uma interrogação (?). Observe a figura 2-61.
  - Dsorg – organização do arquivo (PS – Sequencial, PO – Particionado, VS – VSAM, etc.).
  - Recfm – formato dos registros (FB – Fixo Blocado, V – Variável, U – Indefinido, etc.).
  - Lrecl – tamanho dos registros.
  - Blksize – tamanho dos blocos.

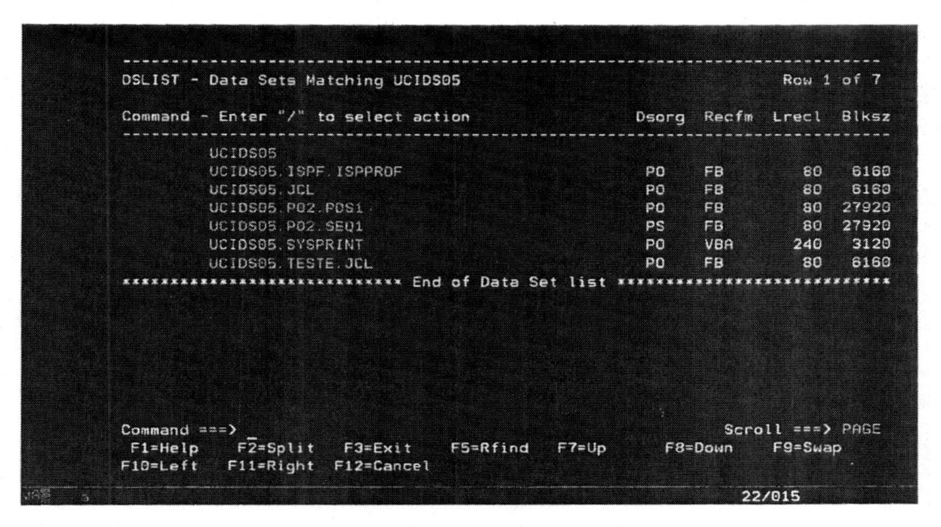

Figura 2-61 Initial View=3 --> Attrib

- **Initial View = 4.Total** → Na figura 2-62 é apresentada a tela completa com todas as informações anteriores referentes aos arquivos.
    - Além das informações contidas nas outras telas, ainda observamos na tela Total:
        - Data da criação do arquivo.
        - Data da expiração do arquivo.
        - Data da última vez que o arquivo foi referenciado.
        - Nome do catálogo onde o arquivo está catalogado.
- Se nesta tela pressionarmos PF11, voltaremos à seleção inicial de volume.
- Em qualquer uma destas telas temos disponíveis as funções:
    - **B** – Browse data set.
    - **C** – Catalog data set (catalogar o arquivo).
    - **D** – Delete entire data set (apagar o arquivo).
    - **E** – Edit data set (editar um arquivo)
    - **I** – Data set information (lista informações completas do data set).
    - **M** – Member list only (Lista o nome dos membros de um arquivo).
    - **P** – Print entire data set (imprime todo o arquivo).
    - **R** – Rename entire data set (renomeia o arquivo).
    - **S** – Short data set information (lista algumas informações do data set).
    - **U** – Uncatalog data set (descataloga o data set).

- **X** – Print data set index listing (imprime a lista com o nome dos membros do PDS).
- **Z** – Compress data set.

```
------------------------------------------------------------------------------
DSLIST - Data Sets Matching UCIDS05                                Row 1 of 7

Command - Enter "/" to select action              Message             Volume
 Tracks %  XT Device  Dsorg Recfm Lrecl Blksz  Created    Expires    Referred
         Catalog
------------------------------------------------------------------------------
        UCIDS05                                                        *ALIAS

         SYS1.MASTER.Z18CA0
------------------------------------------------------------------------------
        UCIDS05.ISPF.ISPPROF                                          ZOSDSK
    75   2   1 3390    PO   FB       80  6160 2008/06/03 ***None*** 2008/06/17
         Z18UCAT.CATALOG
------------------------------------------------------------------------------
        UCIDS05.JCL                                                   ZOSDSK
    75   2   1 3390    PO   FB       80  6160 2008/06/11 ***None*** 2008/06/16
         Z18UCAT.CATALOG
------------------------------------------------------------------------------
        UCIDS05.P02.PDS1                                              SADMP1
Command ===>                                                Scroll ===> PAGE
 F1=Help    F2=Split   F3=Exit    F5=Rfind   F7=Up      F8=Down    F9=Swap
F10=Left   F11=Right  F12=Cancel
                                                                   22/015
```

Figura 2-62 Initial View=4 --> Total

2.3.4 *DSLIST – Janela de Opções*

Em qualquer uma das telas anteriores, colocando-se uma "/" ao lado do nome de um dos arquivos será apresentada uma janela de opções como mostrado na figura 2-63.

Esta janela mostra as diversas ações que podem ser efetuadas contra o arquivo selecionado.

```
Menu  Options  View  Utilities  Compilers  Help
- .----------------------------------------------------------------. ----------
D |                   Data Set List Actions                        | Row 1 of 7
  |                                               More:     +      |
C | Data Set: UCIDS05.JCL                                          |   Volume
  |                                                                |  Referred
  | DSLIST Action                                                  |
- | _  1. Edit                      14. Print Index                | ----------
  |    2. View                      15. Reset                      |   *ALIAS
  |    3. Browse                    16. Move                       |
  |    4. Member List               17. Copy                       |
- |    5. Delete                    18. Refadd                     | ----------
  |    6. Rename                    19. Exclude                    |   ZOSDSK
  |    7. Info                      20. Unexclude 'NX'             | 2008/06/17
  |    8. Short Info                21. Unexclude first 'NXF'      |
- |    9. Print                     22. Unexclude last 'NXL'       | ----------
/ |   10. Catalog                   23. SuperC 'SC'                |   ZOSDSK
  |   11. Uncatalog                 24. SuperCE 'SCE'              | 2008/06/16
  |   12. Compress                  25. Search-For 'SF'            |
- |   13. Free                      26. Search-ForE 'SFE'          | ----------
  |  F1=Help        F2=Split       F3=Exit       F7=Backward       |   SADMP1
C |  F8=Forward     F9=Swap        F12=Cancel                      | ===> PAGE
  '----------------------------------------------------------------' 9=Swap
 F10=Left    F11=Right   F12=Cancel
                                                                     08/006
```

Figura 2-63 Janela de Ações

2.3.5 *ISPF/PDF – Submetendo Jobs*

```
-------------------------------------------------------------------------------
EDIT       UCIDS05.JCL(LAB03) - 01.11                    Columns 00001 00072
           ***************************** Top of Data ******************************
000100 //UCIDS05A JOB UCIDS05,'PROF ANA BORBA'
000200 //STEP1     EXEC PGM=IEFBR14
000300 //DD1        DD DSN=UCIDS05.P02.PDS1,DISP=(NEW,CATLG),
000310 //       UNIT=SYSDA,DCB=(RECFM=FB,LRECL=80),
000400 //       SPACE=(TRK,(1,1,5)),VOL=SER=SADMP1
000500 //STEP2     EXEC PGM=IEBGENER
000600 //SYSPRINT  DD SYSOUT=*
000700 //SYSUT2     DD DSN=UCIDS05.P02.PDS1(DADOS01),DISP=SHR
000800 //SYSUT1     DD DSN=UCIDS05.JCL(DADOS01),DISP=OLD
000900 //SYSIN      DD DUMMY
           **************************** Bottom of Data ****************************




Command ===> sub_                                            Scroll ===> CSR
 F1=Help      F2=Split     F3=Exit      F5=Rfind      F6=Rchange    F7=Up
 F8=Down      F9=Swap     F10=Left     F11=Right     F12=Cancel
                                                                  22/018
```

Figura 2-64 Submetendo JOBs

Após verificarmos algumas possibilidades do ISPF, retornamos à opção de EDIT para submetermos um JOB, que é uma das suas principais funções.

Como observamos na figura 2-64, foi selecionado o membro LAB03 no arquivo UCIDS05, que é um JCL completo (como estudaremos logo a seguir) que será enviado ao Sistema Operacional para execução.

O comando utilizado é o **SUBMIT (SUB)**.

```
EDIT       UCIDS05.JCL(LAB03) - 01.11                      Columns 00001 00072
       ****************************** Top of Data ******************************
000100 //UCIDS05A JOB UCIDS05,'PROF ANA BORBA'
000200 //STEP1    EXEC PGM=IEFBR14
000300 //DD1      DD DSN=UCIDS05.P02.PDS1,DISP=(NEW,CATLG),
000310 //      UNIT=SYSDA,DCB=(RECFM=FB,LRECL=80),
000400 //      SPACE=(TRK,(1,1,5)),VOL=SER=SADMP1
000500 //STEP2    EXEC PGM=IEBGENER
000600 //SYSPRINT DD SYSOUT=*
000700 //SYSUT2   DD DSN=UCIDS05.P02.PDS1(DADOS01),DISP=SHR
000800 //SYSUT1   DD DSN=UCIDS05.JCL(DADOS01),DISP=OLD
000900 //SYSIN    DD DUMMY
       **************************** Bottom of Data ****************************

MA  a                                                          22/006
```

Figura 2-65 Job submetido

Na figura 2-65 verificamos a mensagem do sistema nos notificando que o job foi submetido.

Como já vimos anteriormente, em qualquer tela do TSO ou ISPF onde a última informação são três asteriscos (***), devemos pressionar a tecla ENTER.

3

O SDSF - System Display and Search Facility

O SDSF (System Display and Search Facility) permite exibir os serviços (jobs) ativos no Sistema, os usuários de TSO, jobs em filas do sistema, saída de jobs, verificar o status de Initiators e Printers, etc.

Além disso, permite-nos visualizar o System Log do sistema e emitir comandos de console; editar um JCL diretamente no spool (comando SJ); copiar a sysout de um job total ou parcialmente para um arquivo (comando XDC).

O SDSF permite diversos níveis de autorização, normalmente utilizando um software de segurança como, por exemplo, o RACF.

Na figura 3-1 vamos observar o menu primário do SDSF, que pode ser customizado pela instalação.

```
------------------------------------------------------------------------------
HQX7730 ----------------  SDSF PRIMARY OPTION MENU  ------------------------

DA    Active users                      INIT  Initiators
I     Input queue                       PR    Printers
O     Output queue                      PUN   Punches
H     Held output queue                 RDR   Readers
ST    Status of jobs                    LINE  Lines
                                        NODE  Nodes
LOG   System log                        SO    Spool offload
SR    System requests                   SP    Spool volumes
MAS   Members in the MAS
JC    Job classes                       RM    Resource monitor
SE    Scheduling environments           CK    Health checker
RES   WLM resources
ENC   Enclaves                          ULOG  User session log
PS    Processes

END   Exit SDSF

COMMAND INPUT ===>                                          SCROLL ===>
 F1=HELP      F2=SPLIT     F3=END       F4=RETURN    F5=IFIND     F6=BOOK
 F7=UP        F8=DOWN      F9=SWAP     F10=LEFT     F11=RIGHT    F12=RETRIEVE
                                                                 22/021
```

Figura 3-1 SDSF – Primary Option Menu

Neste nosso livro, abrangeremos apenas algumas destas funções, apenas as necessárias a acompanharmos nossos JOBs e seus resultados.

3.1 SDSF – Opção ST

```
SDSF STATUS DISPLAY ALL CLASSES                          LINE 42-58 (58)
NP   JOBNAME  JobID    Owner     Prty Queue      C  Pos  SAff  ASys Status
     BPXAS    STC00038 OMVSKERN   15 EXECUTION           ZHUB  ZHUB
     BPXAS    STC00039 OMVSKERN   15 EXECUTION           ZHUB  ZHUB
     OSNMPD   STC00042 OSNMPD     15 EXECUTION           ZHUB  ZHUB
     SNMPQE   STC00043 SNMPQE     15 EXECUTION           ZHUB  ZHUB
     DB2UMSTR STC00048 DB2USER    15 EXECUTION           ZHUB  ZHUB
     DB2UIRLM STC00049 DB2USER    15 EXECUTION           ZHUB  ZHUB
     DB2UDBM1 STC00050 DB2USER    15 EXECUTION           ZHUB  ZHUB
     DB2UDIST STC00051 DB2USER    15 EXECUTION           ZHUB  ZHUB
     SMASCOMM STC00001            15 PRINT      A    1
     HZSPROC  STC00005 ++++++++    1 PRINT           2
     ICSF     STC00020 ICSF        1 PRINT           3
     IRRDPTAB STC00018 IRRDPTAB    1 PRINT           4
     OLIMPIOC JOB00052 OLIMPIO     1 PRINT      A    5
     OLIMPIO  TSU00047 OLIMPIO     1 PRINT           6
     IBMSC01  TSU00055 IBMSC01     1 PRINT           7
     OLIMPIO  TSU00054 OLIMPIO     1 PRINT           8
     UCIDS05A JOB00072 UCIDS05     1 PRINT      A    9
COMMAND INPUT ===> _                                       SCROLL ===>
 F1=HELP      F2=SPLIT     F3=END       F4=RETURN     F5=IFIND     F6=BOOK
 F7=UP        F8=DOWN      F9=SWAP      F10=LEFT      F11=RIGHT    F12=RETRIEVE
                                                           22/021
```

Figura 3-2 Opção ST

A Opção ST – Display **ST**atus – exibe o status de todos os serviços no sistema, os que estão em execução e os que já acabaram de executar e estão aguardando para serem impressos.

Para facilitar a localização do serviço que queremos observar, utilizamos o comando **PREFIX xxx*** na linha de comandos. Desta maneira, apenas os serviços que começam por xxx serão apresentados na tela.

Por exemplo, na figura 2-65 submetemos um job chamado UCIDS05A, para só vermos a sysout deste, antes do comando ST, entraríamos com "*prefix ucids05a*".

Este recurso pode ser utilizado em qualquer tela do SDSF.

O comando PREFIX pode ser abreviado como **PRE**.

Para voltar ao display completo, digite somente: **PREFIX**.

3.2 SDSF – Opção O

```
SDSF OUTPUT ALL CLASSES ALL FORMS      LINES 1           LINE 1-1 (1)
NP   JOBNAME  JobID    Owner    Prty C Forms    Dest                  Tot-Rec
     EBS45001 JOB00075 EBS45     144 R STD      LOCAL                       1

COMMAND INPUT ===>                                          SCROLL ===>
 F1=HELP      F2=SPLIT     F3=END       F4=RETURN    F5=IFIND     F6=BOOK
 F7=UP        F8=DOWN      F9=SWAP      F10=LEFT     F11=RIGHT    F12=RETRIEVE
                                                             01/003
```

Figura 3-3 SDSF - Opção O

A opção **O** exibe o status dos serviços nas filas de saída (Output) do sistema, liberados para impressão.

Se codificarmos uma interrogação (?) na coluna NP podemos visualizar, individualmente, todos os arquivos da sysout.

3.3 SDSF – Opção H

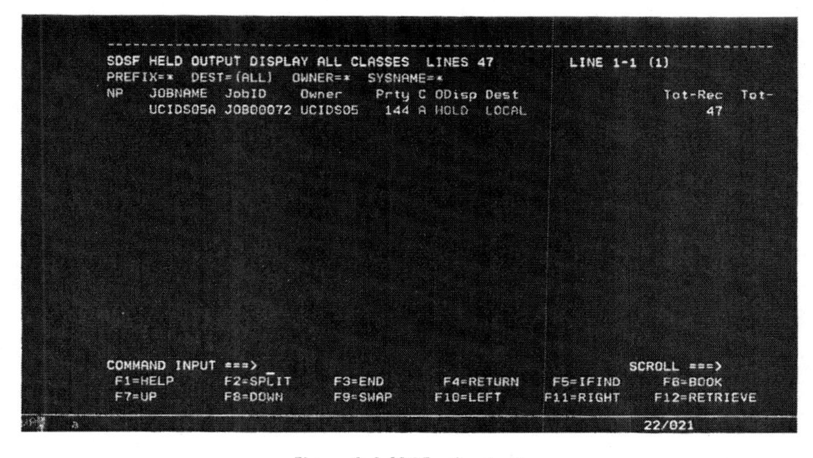

Figura 3-4 SDSF - Opção H

A Opção **H** exibe o status dos serviços nas filas de saída **HOLD** do sistema, ou seja, o job foi submetido especificando uma classe de saída que foi definida para que os jobs ficassem "presos" no spool.

Se for necessário imprimir um desses serviços da fila HOLD, devemos liberá-lo, utilizando o comando de linha **O**. Digita-se o comando O na coluna NP, ao lado do serviço que queremos liberar.

3.4 Visualizando o job submetido no item 2.3.5

```
SDSF JOB DATA SET DISPLAY - JOB UCIDS05A (JOB00072)     LINE 1-3 (3)
NP   DDNAME   StepName ProcStep DSID Owner    C Dest              Rec-Cnt Page
     JESMSGLG JES2                  2 UCIDS05  A LOCAL                   28
     JESJCL   JES2                  3 UCIDS05  A LOCAL                   10
     JESYSMSG JES2                  4 UCIDS05  A LOCAL                    9

COMMAND INPUT ===> _                                          SCROLL ===>
 F1=HELP       F2=SPLIT      F3=END        F4=RETURN     F5=IFIND      F6=BOOK
 F7=UP         F8=DOWN       F9=SWAP       F10=LEFT      F11=RIGHT     F12=RETRIEVE
                                                                22/021
```

Figura 3-5 Display do Job Submetido

Na figura 3-5 visualizamos as três sysouts do job UCIDS05A, e esta divisão das sysouts do job são mostradas, pois na tela anterior digitamos uma interrogação (?) à esquerda do nome do job, na coluna **NP**.

```
 ------------------------------------------------------------------------------
 SDSF OUTPUT DISPLAY UCIDS05A JOB00072  DSID     2 LINE 0       COLUMNS 02- 81
 COMMAND INPUT ===> _                                            SCROLL ===>
********************************* TOP OF DATA **********************************
                     J E S 2  J O B  L O G  --  S Y S T E M  Z H U B  --  N O D

19.14.30 JOB00072 ---- TUESDAY,   17 JUN 2008 ----
19.14.30 JOB00072  IRR010I  USERID UCIDS05  IS ASSIGNED TO THIS JOB.
19.14.30 JOB00072  ICH70001I UCIDS05  LAST ACCESS AT 19:00:43 ON TUESDAY, JUNE 1
19.14.30 JOB00072  $HASP373 UCIDS05A STARTED - INIT 1    - CLASS A - SYS ZHUB
19.14.30 JOB00072  IEF861I FOLLOWING RESERVED DATA SET NAMES UNAVAILABLE TO UCID
19.14.30 JOB00072  IEF863I DSN = UCIDS05.JCL UCIDS05A RC = 04
19.14.30 JOB00072 *IEF099I JOB UCIDS05A WAITING FOR DATA SETS
19.15.31 JOB00072  IEF403I UCIDS05A - STARTED - TIME=19.15.31
19.15.31 JOB00072  -                                         --TIMINGS (MINS.)--
19.15.31 JOB00072  -JOBNAME  STEPNAME PROCSTEP    RC   EXCP    CPU    SRB  CLOCK
19.15.31 JOB00072  -UCIDS05A          STEP1    FLUSH      0    .00    .00   1.01
19.15.31 JOB00072  IEF453I UCIDS05A - JOB FAILED - JCL ERROR - TIME=19.15.31
19.15.31 JOB00072  -SDMV22I  UCIDS05A ENDED.  NAME-PROF ANA BORBA        TOTAL CP
19.15.31 JOB00072  -NOT_EXECUTED_STEP_TABLE BEGIN
19.15.31 JOB00072  -JOBNAME  STEPNAME PROCSTEP STEPNO
  F1=HELP      F2=SPLIT     F3=END       F4=RETURN    F5=IFIND     F6=BOOK
  F7=UP        F8=DOWN      F9=SWAP     F10=LEFT     F11=RIGHT    F12=RETRIEVE
                                                               04/021
```

Figura 3-6 SYSOUT do JOB

Na figura 3-5, digitamos um **S** na coluna NP ao lado da sysout chamada JESMSGLG, a primeira sysout do job, e nesta observamos as informações da execução deste.

(As informações desta tela serão todas novamente observadas e devidamente *dissecadas* após estudarmos um pouquinho do JCL propriamente dito).

Lista de Exercícios 2

1) Qual(is) das unidades abaixo podem ser utilizadas no campo quantidade primária para alocação de um novo arquivo?

a) Trilhas

b) Blocos

c) Segmentos

d) Cilindros

2) Se você informa apenas o parâmetro VOLUME no painel Data Set List Utility (Opção 3.4) e tecla ENTER, o que você vai receber?

a) Uma lista com somente os data sets não-catalogados do volume.

b) Uma lista com somente os data sets catalogados para o usuário específico.

c) Uma lista com apenas os data sets não-catalogados do sistema.

d) Uma lista dos data sets catalogados e não-catalogados deste volume.

3) O que ocorrerá se você deixar a linha de comando em branco no painel de entrada do Data Set List quando o data set for um PDS?

a) Você receberá uma lista de data sets.

b) O ISPF/PDF vai indicar um erro.

c) Você vai receber uma lista de comandos.

d) Você receberá uma lista de membros a serem selecionados.

4) Quando alocando um novo data set, que campo no painel "Allocate New Data Set" (opção 3.2, após informar o nome do data set a ser alocado) deve ser informado como zero para que o mesmo seja um arquivo sequencial?

a) Blocos de diretório.

b) Quantidade primária.

c) Tipo do registro.

d) Tamanho do bloco.

5) Quais das opções seguintes são verdadeiras sobre a capacidade do utilitário de move/ copy ?

a) Pode-se copiar um arquivo sequencial.

b) Podem-se mover membros de um arquivo sequencial.

c) Podem-se copiar membros de um arquivo particionado.

d) Podem-se mover membros de um arquivo particionado.

6) No SDSF necessito verificar os jobs que começam com os caracteres UNIV e que estão numa classe de jobs HOLD. Que comando(s) devo emitir?

7) Preciso listar o data set SIFIT.PAGMTO.ATUAL.JUNHO e não consigo lembrar o seu nome completo. Que opção do ISPF/PDF devo utilizar? Liste pelo menos quatro formas diferentes de "tentar" lembrar o nome do data set.

8) Na opção 3.4 do ISPF temos várias opções de vistas de uma lista de data sets. Exemplifique, explicando o significado de três das colunas apresentadas. Por exemplo: Tracks → é o número de trilhas alocadas para o data set.

9) Usando a opção 3.3 do ISPF quero copiar cinco membros de um mesmo particionado que contém mais de 100 membros. Qual o melhor caminho no caso de estes cinco membros possuírem nomes completamente diferentes uns dos outros? E se todos os cinco membros possuirem os caracteres COB a partir da segunda posição? E ainda se a minha opção for copiar todos os 100 membros do particionado?

10) Descreva todos os passos que devo utilizar para alterar o nome do arquivo sequencial TAB.SEQ.DIARIO para TAB.SEQ.MENSAL.

4

JCL – Job Control Language

4.1 Introdução

4.1.1 HISTÓRICO

O JCL foi introduzido no sistema /360, na década de 1960.

Ainda não existiam os terminais, e o termo "job batch" foi originado nos tempos das perfuradoras de cartões e continham as diretivas para o computador rodar um ou mais programas, chamados de **batch** que significa "lote de dados".

Os cartões continham 80 colunas por 12 linhas, o que posteriormente deu origem ao tamanho das telas dos terminais 3270.

Os comandos de JCL que veremos (comando JOB, comando EXEC, comando DD, etc) são também chamados, pela mesma razão acima, de cartões de JCL.

Os detalhes e a codificação do JCL podem até ser complicados, porém os conceitos gerais são simples. Além disso, utilizamos apenas um pequeno subconjunto de parâmetros, cerca de 10%, para 90% dos serviços que queremos utilizar.

4.1.2 *Que informações a JCL fornece?*

Conforme mostrado na figura 4-1:

- identificação do início de uma descrição de serviço (JOB);
- ordem em que os programas devem ser executados;
- nome do programa a executar em cada etapa (EXEC);
- informações operacionais sobre cada programa;
- quantidade de memória necessária;
- parâmetros para execução;
- informações para identificar e localizar cada arquivo que cada programa necessita (DD);

- a identificação do término da descrição de serviço é opcional, embora recomendável para efeito de documentação

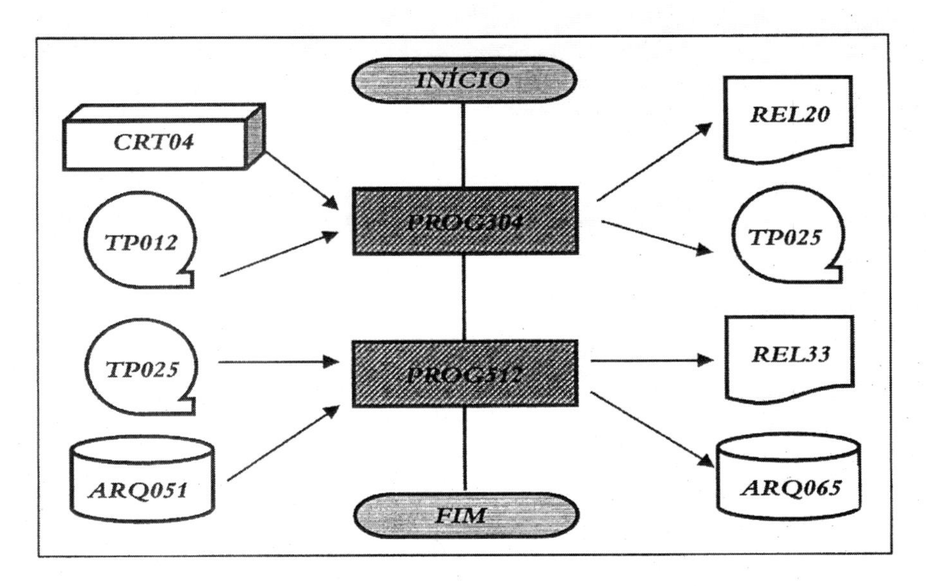

Figura 4-1 Informações da JCL

4.1.3 Características dos comandos JCL

- os comandos são sempre prefixados por //;
- são sempre codificados em letras maiúsculas;
- a linguagem é interpretada pelo JES (Job Entry Subsystem);
- identifica o processo, o programa e os arquivos;
- são armazenados em arquivos particionados;
- o caracter branco é um delimitador

4.1.4 Formato Geral dos Comandos de JCL

Vamos observar na Figura 4-2 Formato Geral do JCL, os campos que compõem um comando de JCL, e em seguida suas descrições.

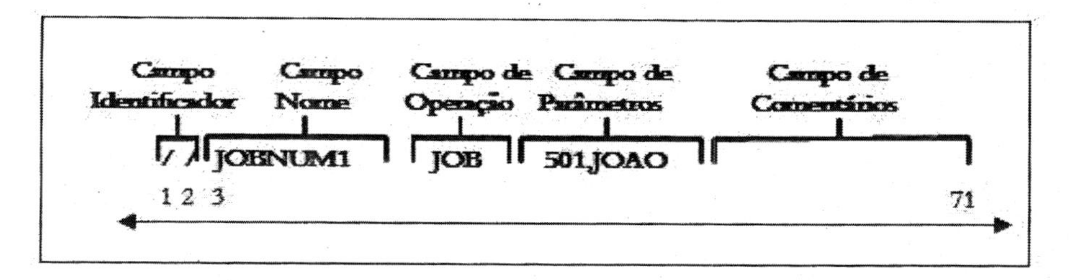

Figura 4-2 Formato Geral do JCL

- **Campo Identificador**
  - sempre deve começar na coluna 1;
  - // indica comando de JCL;
  - //* indica comentário;
  - /* indica delimitador de arquivo.
- **Campo de Nome**
  - atribui nome ao comando, o que permite que seja referenciado de outros pontos do job ou pelo Sistema Operacional;
  - sempre deve começar na coluna 3, após o identificador //;
  - é formado de 1 a 8 caracteres alfanuméricos ou nacionais ($@#), sendo que o primeiro caracter deve ser sempre alfabético ou nacional;
  - o Campo de Nome deve ser sempre seguido por pelo menos um "branco".
- **Campo de Operação**
  - especifica o tipo de comando (JOB, EXEC, DD, etc);
  - separado do campo nome por um ou mais brancos, sem posição fixa para começar desde que seja até a coluna 16.
- **Campo de Operandos ou Parâmetros**
  - fornecem informações relacionadas ao comando;
  - são codificados após a operação e são separados por vírgulas;
  - não têm posição fixa para começar;
  - devem terminar antes da coluna 72.
- **Campo de Comentários**
  - servem somente para documentação;
  - depois dos Operandos, são opcionais e não têm posição fixa para começar;
  - um caracter branco após o Campo de Operandos indica que o que vem após serão comentários.

4.1.5 Dicas Importantes

- É uma boa prática de programação colocar comentários no JCL sempre que possível.
- Os comandos comentário, delimitador e nulo não podem ter continuação.
- Se for necessário um comando mais extenso, podemos terminar antes da coluna 72 e continuar na linha seguinte.
- O cartão de continuação deve conter // nas colunas 1 e 2.
- Parâmetros e subparâmetros podem ser parados numa vírgula e continuados na linha seguinte entre as colunas 4 e 16 inclusive.
- Valores de parâmetros entre apóstrofes podem ser escritos até a coluna 71 e continuados na coluna 16 da linha seguinte.
- Porém a coluna 71 não pode conter uma apóstrofe, o sistema considera isso um indicador de fim de comando.
- Comentários podem ser escritos até qualquer posição, porém a coluna 72 deve conter um branco, e pode-se continuar em qualquer coluna.
- Os comentários também podem aparecer em um cartão específico, começando por //* nas colunas 1 a 3.
- Os cartões de comentários podem ser colocados em qualquer parte do JCL após o cartão JOB, facilitando a documentação do JCL.

4.1.6 Alguns exemplos

- Um exemplo tradicional:

```
//JOB1  JOB  504,JOAO
//STEP1 EXEC PGM=PROGRAMA
//DD1   DD   DSN=INPUT,DISP=SHR
```

- Um exemplo de continuação de comando:

```
//STEP1 EXEC PGM=PROGRAMA,
//      TIME=1,
//      PARM=LIST
```

- Exemplo de Comentário:

```
//*  Esta é uma linha de comentários
```

4.1.7 Parâmetros Posicionais e de Palavra-chave

```
//NOME   OPERAÇÃO   P1,P2,P3,K1=M,K2=N,K3=Q
//NOME   OPERAÇÃO   ,P2,P3,K1=M,K3=Q,K2=N
//NOME   OPERAÇÃO   P1,,P3,K3=Q,K2=N,K1=M
//NOME   OPERAÇÃO   P1,P2,K1=M,K3=Q
//NOME   OPERAÇÃO   ,,P3,K3=Q,K1=M
//NOME   OPERAÇÃO   ,P2,K2=N
//NOME   OPERAÇÃO   K3=Q,K2=N
```

Parâmetros Posicionais – sempre devem ser codificados antes dos de palavra-chave, na ordem especificada pela sintaxe.

Se um parâmetro posicional for omitido, mas o seguinte for codificado, deve-se codificar uma vírgula para indicar o parâmetro omitido.

A vírgula só não é codificada se o parâmetro omitido for o último posicional, se todos os posicionais restantes também forem omitidos, se somente houver parâmetros de palavra-chave a seguir, ou ainda se todos os parâmetros posicionais forem omitidos.

Parâmetros de Palavra-chave são reconhecidos pelos seus nomes, de modo que podem ser codificados em qualquer ordem, e parâmetros omitidos não precisam ser indicados.

Podem ocorrer listas de subparâmetros; neste caso, os mesmos devem ser separados por vírgulas e colocados entre parênteses.

Todo parâmetro de palavra-chave é seguido por um sinal de igual.

4.1.8 Convenção da Notação da Sintaxe

NOTAÇÃO	*SIGNIFICADO*
LETRAS MAIÚSCULAS & * , = ( ) . /	Devem ser codificados exatamente como aparecem na sintaxe
Letras minúsculas	Representam variáveis que devem ser substituídas pelo valor adequado
| (barra vertical)	Ou exclusivo. Apenas uma das opções deve ser escolhida
{ } (chaves)	Uma das opções ***tem*** que ser escolhida
[ ] (colchetes)	É um item opcional. Pode ser codificado ou não
_ (sublinhado)	É o valor default que o sistema assume quando o parâmetro não é codificado

Alguns exemplos:

SINTAXE	*Exemplo*
CLASS=jobclass	CLASS=A
BFALN={F|D}	BFALN=D
SPACE={TRK } {CYL } {blklgth} {reclgth}	SPACE=(TRK,1)
[,DEFER]	,DEFER ou omita

4.2 Cartão JOB

4.2.1 Introdução

O cartão JOB é o primeiro de um JCL.

O cartão JOB fornece através de parâmetros vários detalhes que se aplicam a todo o JOB, tais como informações de *accounting* (contabilização) e condições de término do job.

Além disso, marca o início de um serviço, fornece o nome do job identificando o serviço a ser executado, identifica a pessoa responsável pela execução e direciona o serviço para as classes de execução.

4.2.2 Jobname

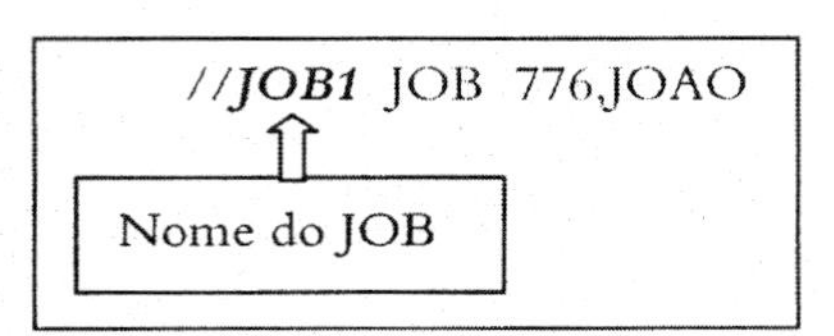

O nome do job (jobname) deve sempre conter de 1 a 8 caracteres alfanuméricos e nacionais (o primeiro caracter deve ser alfabético ou nacional) e identifica o job para que outros comandos de JCL ou o sistema operacional se refira a ele.

O nome do job tem que ser codificado a partir da coluna 3, não existindo nenhum espaço entre ele e o campo identificador (//) e deve ser seguido por pelo menos um branco.

Quando um job é submetido, o sistema atribui automaticamente um número (job number) ao mesmo, o que permite que vários serviços de mesmo nome sejam submetidos e diferenciados, permitindo a execução de apenas um de cada vez.

Jobnames válidos	
//JOB1	JOB
//RUN#2	JOB
//EXEMPLO4	JOB

Jobnames Inválidos		
//JOB1+	JOB	→ Possui caracter especial
//EXEMPLO14	JOB	→ Possui mais de oito caracteres
// RUN#2	JOB	→ Não está começando na coluna 3

4.2.3 Campo de Operação

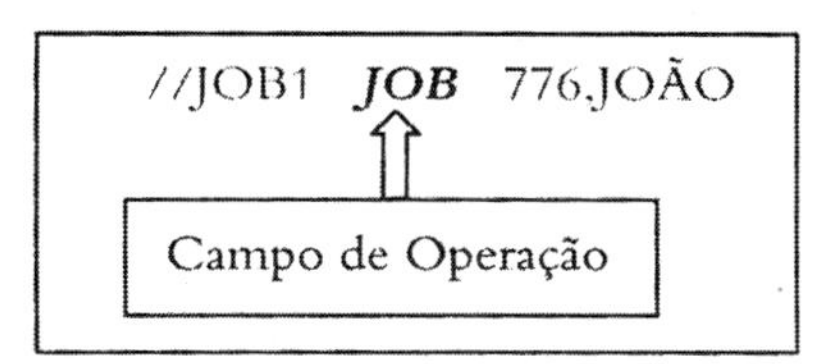

O campo de Operação vem logo a seguir do nome do job.

Em um cartão JOB, o campo de operação deve conter a palavra JOB.

O campo de operação e o nome do job devem ser sempre separados por pelo menos um branco.

4.2.4 Account e nome do programador

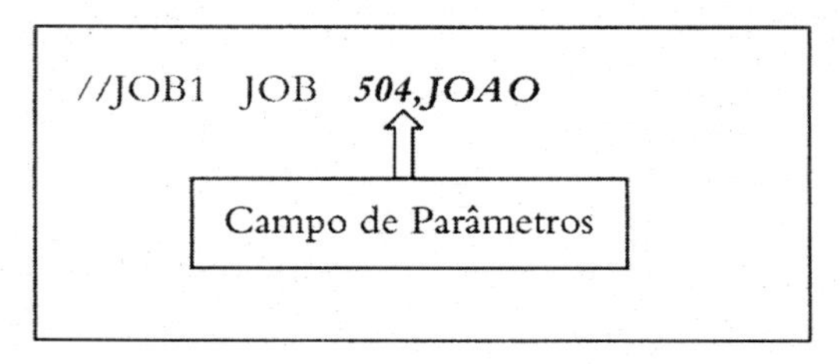

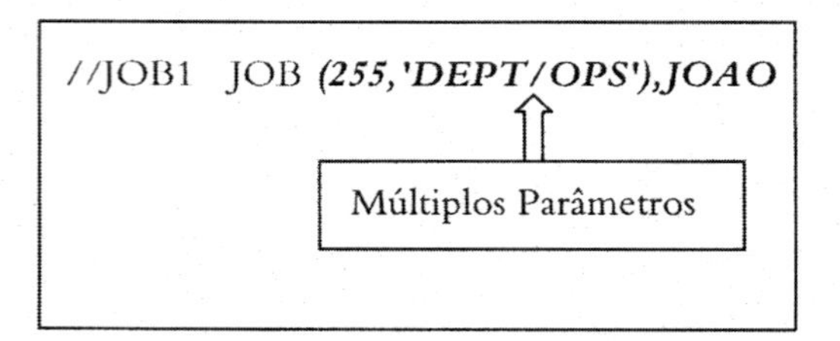

Os dois parâmetros posicionais do cartão JOB são:

- informação de *accounting*
- nome do programador

Estes dois parâmetros são posicionais e devem sempre estar codificados nesta ordem, separados por uma vírgula.

Em muitas instalações, as informações de *accounting* são utilizadas para cobrar a utilização do tempo de computador do departamento responsável pelo serviço.

Algumas empresas exigem o uso do nome do programador para no caso de o job apresentar algum problema saber a quem reportar.

O accounting é específico de cada instalação e pode conter até 143 caracteres.

Quando o account possui múltiplos subparâmetros, deve ser codificado entre parênteses.

O nome do programador pode conter até 20 caracteres, e se possuir brancos ou caracteres especiais deve ser codificado entre apóstrofos ('...'). Para cada apóstrofo que faça parte do nome do programador deve-se codificar dois apóstrofos consecutivos. Por exemplo, d'Almeida deve ser codificado como 'd''Almeida'.

Se o account for omitido e o nome do programador codificado, codifique uma vírgula (,) para indicar a omissão. Porém se os dois parâmetros forem omitidos, não é necessária nenhuma vírgula.

Se a informação de accounting contém mais que um subparâmetro, separe-os com vírgulas e coloque-os entre parênteses ou apóstrofos.

Sintaxe do accounting:

(PANO,ROOM,TIME,LINES,CARDS,FORMS,COPIES,LOG,LINECT)

- **PANO** – Programmer's Accounting Number – especifica o código do cliente para quem será feita a contabilização.
- **ROOM** – especifica o departamento ou sala onde o cliente deve receber seu relatório ou informações referentes ao JOB.
- **TIME** – especifica o tempo estimado de execução do job em minutos.
- **LINES** – especifica o número máximo de linhas que deverão ser produzidas pelo job, em milhares de linhas.
- **CARDS** – especifica a quantidade máxima de cartões que deverão ser produzidos pelo job (não tem mais uso).
- **FORMS** – especifica o formulário que o JES2 deve utilizar para imprimir as sysouts do JOB.
- **COPIES** – especifica o número de vezes que cada data set será emitido.
- **LOG** – especifica se será ou não impresso o job log.
- **LINECT** – especifica o número máximo de linhas por página impressa. Quando informado zero, o controle de salto de página deve ser feito pelo programa.

Muitas destas informações já não se aplicam, já que não geramos mais cartões perfurados, as listagens não são mais normalmente impressas diretamente e enviadas ao usuário; porém, continuam existindo por compatibilidade.

4.2.5 CLASS

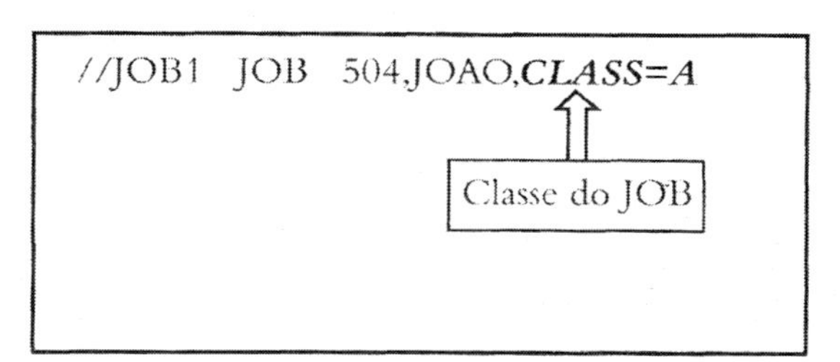

Os jobs são agrupados em várias classes de entrada do JES, estas classes são definidas com características diferentes de tempo de execução, prioridade, etc.. Cada instalação define quais os recursos associados a cada classe. Isto é feito para facilitar o balanceamento dos diferentes tipos de jobs.

O parâmetro de palavra-chave utilizado no JCL para definir a classe de entrada do job é o **CLASS=**

As classes são identificadas por um único caracter que pode ser de A a Z e de 0 a 9.

Cada classe de entrada pode estar associada a um ou mais *initiators*, de acordo com a utilização e balanceamento da máquina.

Esta associação muitas vezes é alterada ao decorrer do dia, de acordo com a maior ou menor utilização do serviço online.

4.2.6 MSGLEVEL

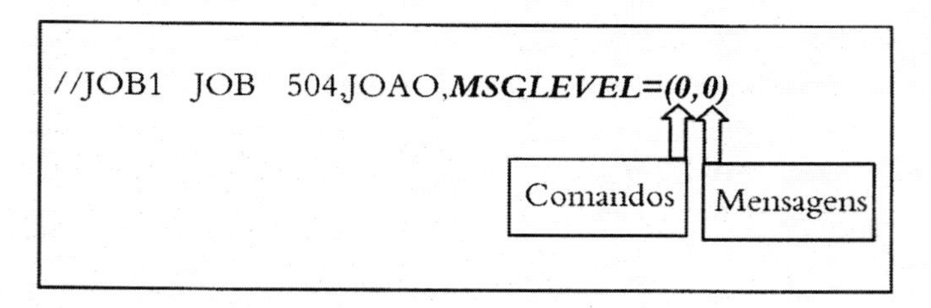

- **Comandos** → controla o volume de JCL que vai ser impresso
  - 0 → só o comando JOB
  - 1 → todo o JCL mais a expansão das procedures
  - 2 → somente os comandos de JCL
- **Mensagens** → controla a existência ou não de mensagens de sistema
  - 0 → só as mensagens do JCL
  - 1 → mensagens de JCL, mais as mensagens do sistema (JES, operador e SMS)

```
//MAXINFO JOB ...,MSGLEVEL=(1,1)
```

```
//MININFO JOB ...,MSGLEVEL=(0,0)
```

4.2.7 MSGCLASS

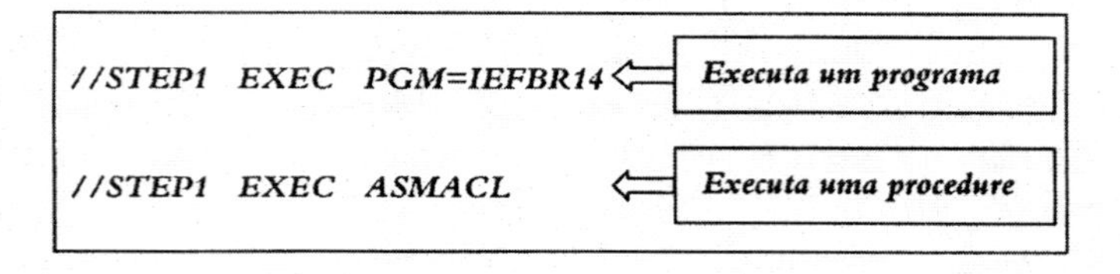

Este parâmetro de palavra-chave é utilizado para fornecer a classe de saída do JOB (SYSOUT).

Cada classe tem um único caracter alfanumérico (de A a Z e de 0 a 9).

As classes de saída são definidas pela instalação designando o que deve ser feito com as sysouts. Por exemplo, uma classe de saída A pode significar que as sysouts devem ser imediatamente impressas. Uma outra classe de saída T, por exemplo, significa que a saída do job deve ficar na fila de held (preso) por 8 dias e depois ser apagado.

Note que o parâmetro MSGCLASS não utiliza parênteses, pois diferentemente do parâmetro MSGLEVEL, ele não tem subparâmetros.

4.2.8 NOTIFY

```
//JOB1   JOB   (255,DEPT),JOAO,CLASS=A,NOTIFY=ALUNO99
```

O parâmetro NOTIFY faz com que uma mensagem sobre o término do JOB que foi submetido seja enviada ao destinatário informado no parâmetro.

Se o usuário não estiver logado no TSO, receberá a mensagem no momento que se logar.

No exemplo acima seria enviada a seguinte mensagem ao usuário de TSO/E ALUNO99:

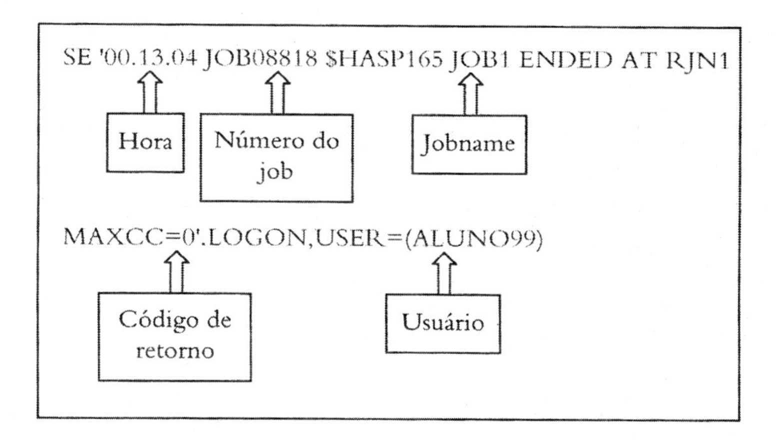


```
NOTIFY=&SYSUID
```

Se o parâmetro NOTIFY for codificado como acima, a variável &SYSUID será substituída automaticamente pelo usuário que submeteu o job.

4.2.9 TIME

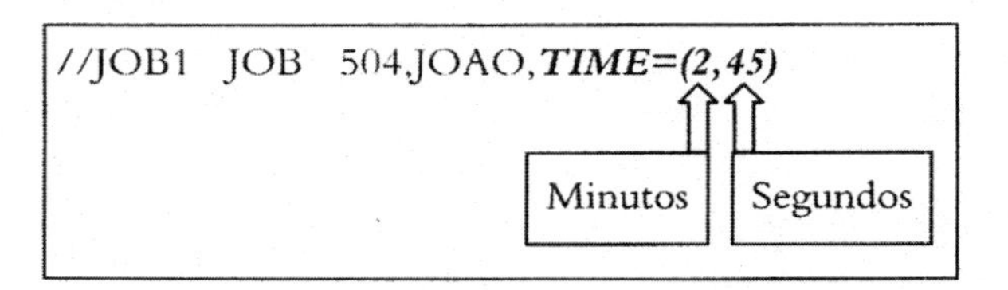

O parâmetro TIME especifica o limite de tempo de processador que o job pode utilizar. Quando o tempo máximo é atingido, o job termina anormalmente (com *abend S322*).

Como já vimos anteriormente, na definição das classes de entrada, um dos critérios definidos é o limite de tempo. Se o valor informado no JCL, via parâmetro TIME, for maior que o definido na Classe, este será ignorado.

Outros valores que o parâmetro TIME pode assumir:

- **TIME=1440** → indica que não há limite de tempo.
- **TIME=NOLIMIT** → indica que não há limite de tempo.
- **TIME=MAXIMUM** → indica que permite um valor máximo de 357912 minutos.

4.2.10 REGION

```
REGION=valorK
REGION=valorM
```

O parâmetro REGION especifica a quantidade de memória (em **K**ilobytes ou **M**egabytes) que será alocada para o job.

REGION=0M define que não há limite de memória para o JOB. Neste caso o limite deverá ser imposto pelas EXITs de instalação (IEFUSI ou IEALIMIT).

4.2.11 TYPRUN

```
TYPRUN=HOLD
TYPRUN=SCAN
```

- **HOLD** = submete o job e o "segura" na fila até a liberação pelo operador (via SDSF pode-se usar o comando A (release)).
- **SCAN** = requer que o sistema apenas verifique erros de sintaxe de JCL, sem executar o job ou alocar dispositivos. Os valores após o sinal de igual não são checados.

O TYPRUN possui outros parâmetros que não são muito utilizados:

- COPY = copia o JCL diretamente para a sysout (JES2).
- JCLHOLD = submete o job e o JES2 segura o JCL em tempo de conversão (JES2).

4.2.12 USER

```
//EXAMPLE  JOB  776,'JOAO CPD',USER=ALUNO01
```

O parâmetro USER identifica o usuário que submeteu o job.

O userid deve conter de 1 a 8 caracteres alfanuméricos e nacionais, sendo que o primeiro não pode ser numérico.

O userid é utilizado pelo RACF (Resource Access Control Facility), pelo SRM (System Resource Manager), e outros componentes do sistema.

A necessidade da codificação do parâmetro USER depende da instalação. Algumas instalações propagam o usuário TSO como o userid que submeteu o JOB, não sendo necessária a codificação do mesmo.

Na maioria dos casos, o parâmetro USER é utilizado em conjunto com o parâmetro PASSWORD.

Observação:

Resource Access Control Facility (RACF) → produto IBM que fornece acesso controlado ao sistema identificando os usuários, autorizando acesso aos recursos protegidos, não autorizando usuários não- definidos a entrar no sistema, e logando acessos a recursos protegidos.

System Resources Manager (SRM) → Um grupo de programas que controlam o uso de recursos do sistema, tais como programas, dispositivos, e áreas de memória.

4.2.13 PASSWORD

```
//EXAMPLE  JOB  ...,PASSWORD=senha
```

O parâmetro PASSWORD identifica a senha associada ao usuário especificado no parâmetro USER.

A senha pode ter de 1 a 8 caracteres alfanuméricos ou nacionais.

Tal como o USER a senha também é dependente de customizações da instalação.

4.2.14 RESTART

```
//JOB8  JOB  CLASS=A,MSGCLASS=H,MSGLEVEL=(1,1),
//    NOTIFY=ALUNO,RESTART=STEP8
```

A execução do job será iniciada no step especificado no parâmetro RESTART.

No exemplo acima, o job será iniciado no STEP8.

Se o parâmetro restart não for especificado, o job se inicia no primeiro step.

Lista de Exercícios 3

1) Em quais dos seguintes comandos JOB a informação de accounting está correta? Qual o erro nas demais?

a) //JOB1 JOB (99,PAGAR),JOAO,CLASS=A

b) //JOB2 JOB 99,PAGAR,JOAO,CLASS=A,MSGCLASS=C

c) //JOB3 JOB '99,PAGAR',JOAO,NOTIFY=JOAO

d) //JOB4 JOB (12A75,'DEPT/D58',706),JOAO,TYPRUN=HOLD

2) Quais dos seguintes são cartões JOBs válidos? Nos não-válidos, qual o erro?

a) //ALPHA JOB ,JOAO,CLASS=A,MSGLEVEL=(1,1),MSGCLASS=T

b) //PROD1 JOB CLASS=A,NOTIFY=USER99

c) //WORK03 JOB 1863,CLASS=P ISTO E UM EXEMPLO

d) //PROD23 JOB 'D83,123',CLASS=P,MSGCLASS=(1,1)

3) Faça a correspondência dos valores dos subparâmetros do comando MSGLEVEL com suas descrições:

1) 0	A) Imprime todos os comandos do JCL, comandos de controle e comandos de procedures que foram chamadas.
2) 1	B) Imprime o comando JOB.
3) 2	C) Imprime somente os comandos de JCL e de controle.

A)

B)

C)

4) Para quem o parâmetro NOTIFY envia as mensagens de um job que completou?

a) Para o administrador do z/OS.

b) Para o programador especificado no JCL.

c) Para um user tso especificado.

5) Identifique se os cartões JOB abaixo contêm algum erro, e se for o caso, indique-o:

a) //LA$TESTC JOB 31SPC03090156W,JOAO,MSGCLASS=12

b)//LA$TESTC JOB 31SPC03090156W,JOAO,MSGLEVL=(1,1)

c) //LA$TESTC JOB 31SPC03090156W,

// JOAO,MSGLEVEL=(1,1) MSGCLASS=A

d)//LA$TESTC JOB 31SPC03090156W,JOAO,MSGLEVEL=(21)

e) //LA$TESTC JOB (312,56W),JOAO,MSGLEVEL=(1,1),MSGCLASS=A

f) //JSPECIAL33 JOB USER33,CLASS=M,MSGLEVEL=(1,0),

// MSGCLASS=X,NOTIFY=USERABA

6) Crie um cartão JOB válido, com dois parâmetros posicionais e pelo menos três de palavra-chave.

7) Em uma instalação, a classe T foi definida no JES como uma classe de saída que coloca as SYSOUTs do JOB em HOLD.

Com qual comando especificamos que desejamos que a SYSOUT do JOB fique em HOLD?

8) No JOB abaixo, para quem serão enviadas as mensagens de fim de JOB?

//JOB#56 JOB (MVS,999),JOAO,CLASS=X,NOTIFY=&SYSUID

9) Qual a utilidade do parâmetro "TYPRUN=HOLD"?

10) Coloque na ordem correta as seguintes partes de um comando JOB:

a) JOB

b) //

c) JOBNAME

d) PROGRAMMER

e) ACCOUNT

11) Qual das mensagens de erro acontecerá se tentarmos executar o seguinte comando JOB?

//TESTJOB JOB 18A4RE,TEMPEST,MSGLEVEL=(1.1)

a) IEFC642I EXCESSIVE PARAMETER LENGTH IN THE MSGLEVEL FIELD

b) Não acontecerá nenhum erro

c) IEFC630I UNIDENTIFIED KEYWORD MSGLVL

d) IEFC641I IMPROPER SUBPARAMETER LIST IN THE MSGLEVEL FIELD

e) IEFC624I INCORRECT USE OF PERIOD IN THE MSGLEVEL FIELD

4.3 Cartão EXEC

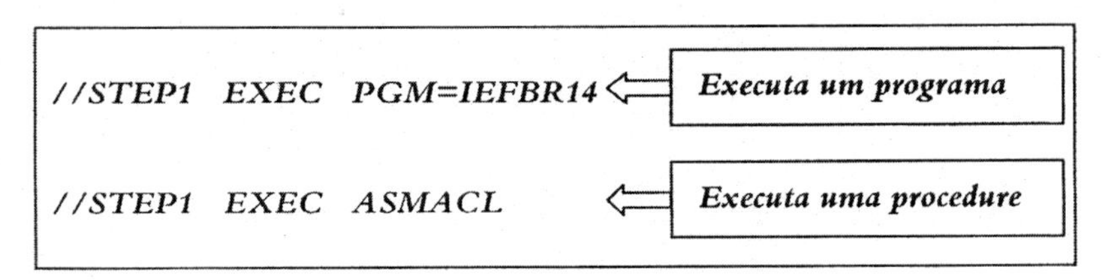

Todo serviço tem que ter um comando EXEC. O comando EXEC sinaliza o início de um job step e podemos ter no máximo de 255 steps por job.

É o comando EXEC que identifica o nome do programa ou da procedure que será executada.

Deverá ser codificado um comando EXEC para cada programa que for ser executado em um job.

Cada comando EXEC inicia uma STEP no job.

Quando uma step de um job requisita um programa, o sistema procura o programa em uma biblioteca do sistema chamada SYS1.LINKLIB ou em uma lista de bibliotecas que a instalação definiu em um membro da SYS1.PARMLIB chamado LINKLIST. Uma vez que o sistema encontra o programa na SYS1.LINKLIB ou em alguma das bibliotecas da LINKLIST, o programa é chamado para execução.

Mais para frente, veremos que podemos disponibilizar o programa de outras maneiras.

Se o sistema não encontra o programa, o job terminará com um ABEND (Abnormal Termination = terminação anormal).

O programa a ser executado também é conhecido como um módulo de carga executável.

Uma Procedure é um conjunto de comandos JCL com pelo menos um cartão EXEC e que não tem cartão JOB e sim PROC.

Este conjunto de comandos JCL é sempre executado com muito pouca ou nenhuma alteração e pode ser armazenado em uma biblioteca especial e chamado através de seu nome.

4.3.1 Stepname

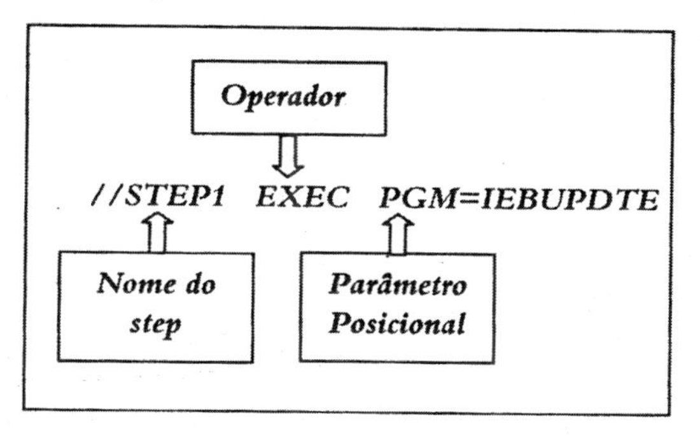

O nome do step tem sempre que começar na coluna 3, ter de 1 a 8 caracteres, onde o primeiro caracter deve ser alfabético ou nacional, não podendo ser um número.

O nome do step não pode conter caracteres especiais nem brancos, é opcional, mas se for omitido este step não poderá ser referenciado dentro do job.

Para que o step seja referenciado dentro do job, o nome do step deve ser **único.**

Nomes de steps válidos	
//STEP1	EXEC
//EXEMPLO4	EXEC
//RUB#2	EXEC

Nomes de steps inválidos	
//STEP1+	EXEC → Inclui um caracter especial
//EXEMPLO14	EXEC → Tem mais de 8 caracteres
// RUB#2	EXEC → Não inicia na posição 3

4.3.2 PGM= e PROC=

O PGM ou o PROC é o primeiro parâmetro **Posicional** do comando EXEC, e são mutuamente exclusivos. Estes parâmetros posicionais são geralmente codificados como um parâmetro de palavra-chave, contendo um sinal de igual.

- **PGM=** indica o nome do **programa** que será executado nesta step
- **PROC=** indica o nome da **procedure** que está sendo chamada

Se for omitida a palavra-chave PGM= ou PROC=, o sistema operacional automaticamente considera que o nome especificado é de uma procedure.

Por exemplo, os dois comandos abaixo são logicamente iguais:

```
//S1 EXEC PROC=COBOLC
//S1 EXEC COBOLC
```

Todos os parâmetros de palavra-chave codificados em um comando EXEC, aplicam-se exclusivamente para esta step do job.

O programa ou a procedure a executar é especificado antes de quaisquer outros parâmetros.

4.3.3 PARM

```
PARM=(subparâmetro,subparâmetro,...)
```

O parâmetro PARM passa informações do JCL para o programa em execução, pode ter até 100 caracteres, pode conter muitos subparâmetros separados por vírgulas.

Uma lista de subparâmetros deve ser colocada entre parênteses ou apóstrofos.

Valores de parâmetros ou subparâmetros com caracteres especiais devem ser colocados entre apóstrofos.

Alguns exemplos de PARM

```
//RUN#2 EXEC PGM=RELAT,PARM='15-05-2009'
```

Este comando EXEC passa um único valor (MENSAL) como entrada para o programa chamado RELAT.

```
//RUN#2 EXEC PGM=RELAT,PARM='15-05-2009'
```

Este comando EXEC passa uma data (15/05/2009) como entrada para o programa chamado RELAT. O subparâmetro está entre apóstrofos, pois são utilizados caracteres especiais.

```
//RUN#2 EXEC PGM=RELAT,PARM=(MENSAL,'10-31-2009')
```

Neste exemplo, o comando EXEC passa dois subparâmetros no parâmetro PARM para o programa RELAT e, portanto, os subparâmetros são colocados entre parênteses.

4.3.4 REGION

REGION=valorK *REGION=valorM*

Idêntico ao REGION do cartão JOB, exceto que só será válido para a step onde está sendo codificado.

O parâmetro REGION codificado no cartão JOB se aplica para todas as steps do serviço e prevalece sobre qualquer parâmetro REGION codificado nos cartões EXEC.

Exemplo:

//STEP1 EXEC PGM=IEFBR14,REGION=1M

4.3.5 TIME

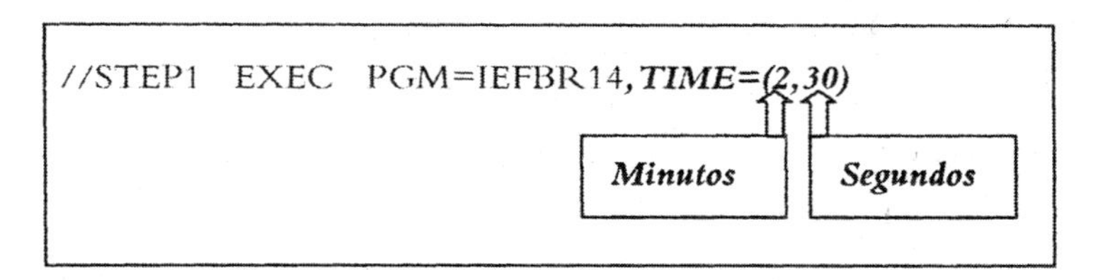

O parâmetro TIME também é idêntico ao do cartão JOB, sendo que o valor especificado valerá apenas para a step onde foi codificado.

Se o parâmetro TIME não foi especificado no cartão JOB, o tempo limite para a step é o valor especificado no TIME do cartão EXEC.

Se for especificado um TIME no cartão JOB, o sistema pode reduzir o tempo de processador disponível para a step. O sistema coloca o tempo limite para a step como o menor dos seguintes valores:

- o tempo restante do job depois de todas as steps anteriores terem completado;
- o limite de tempo que foi especificado ou o limite de tempo default.

4.3.6 COND

COND=(código,operador)

COND=(código,operador,stepname.procstepname)

COND=(código,operador,stepname.procstepname)

Código – especifica o número que o sistema irá comparar ao código de retorno de cada step. Os valores podem ser de 0 a 4095.

Operador – especifica o tipo de comparação que será feita ao código de retorno de cada step, conforme apresentado na figura 4-3.

O parâmetro COND permite condicionar a execução de um ou mais steps.

Pode ser codificado tanto no comando JOB quanto no EXEC. Quando é codificado no cartão JOB, o controle vale para todas as steps do serviço.

Porém, quando codificado no comando EXEC, o controle vale apenas para a step.

Quando o parâmetro COND é usado num comando EXEC, ele especifica as condições que permitirão ao sistema não executar uma step, dependendo do código de retorno de uma ou de todas as steps anteriores.

Se o resultado do teste for verdadeiro, o sistema não executará a step.

Se usamos o primeiro formato num comando EXEC, COND=(codigo, operador), serão testados todos os códigos de retorno das steps anteriores do job.

Operador	*Significado*
GT	Maior que (*G*reater *t*han)
GE	Maior ou igual que (*G*reater than or *e*qual to)
EQ	Igual a (*Eq*ual to)
NE	Diferente (*N*ot *e*qual to)
LT	Menor que (*L*ess *t*han)
LE	Menor ou igual que (*L*ess than or *e*qual to)

Figura 4-3 Operadores do Parâmetro COND

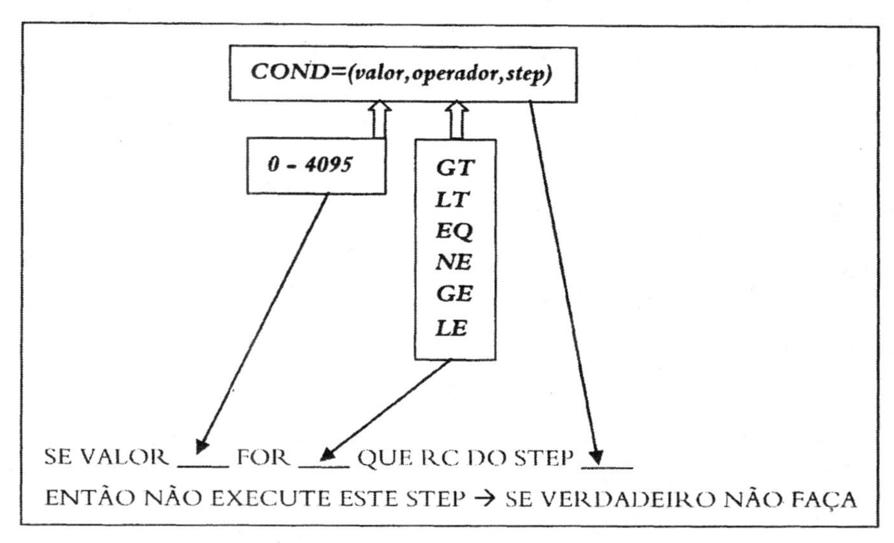

Figura 4-4 Parâmetro COND

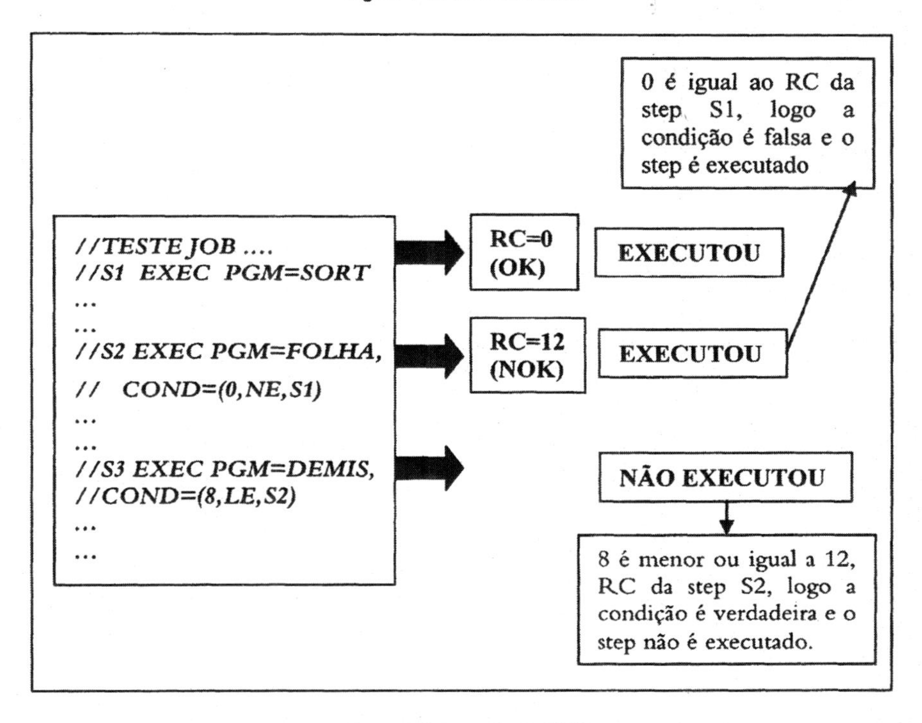

Figura 4-5 Exemplo de COND

COND=EVEN
COND=ONLY

Além dos formatos anteriores, também podemos codificar o parâmetro COND tendo como subparâmetros as palavras EVEN (mesmo se, ainda que) ou ONLY (somente, apenas).

O subparâmetro EVEN especifica que a step onde foi codificado seja executada mesmo que uma das steps anteriores tenham terminado com erro (Abend - término anormal).

Inversamente, o subparâmetro ONLY especifica que a step onde foi codificado execute somente se alguma das steps anteriores terminar com erro (Abend - término anormal).

COND=EVEN → Executa sempre
COND=ONLY → Executa somente se uma step anterior Abendar

4.4 Cartão DD

O cartão DD (data definition) deve ser incluído após o cartão EXEC especificando cada arquivo que o programa necessita utilizar durante sua execução nesta step. Cada step pode ter até 3273 DDs.

O Comando DD fornece também as unidades de entrada e saída, um volume específico a ser utilizado na step.

As características dos data sets utilizados pelo programa (nome, localização, modo como deve ser acessado, disposição, tamanho dos registros, organização, etc) devem ser definidas no comando DD da JCL e não no próprio programa.

Isto permite que as informações sobre um data set sejam alteradas sem a necessidade de alterar e recompilar os programas que acessam o mesmo.

Os parâmetros do comando DD podem ser codificados em qualquer ordem, já que todos são parâmetros de palavra-chave.

4.4.1 ddname

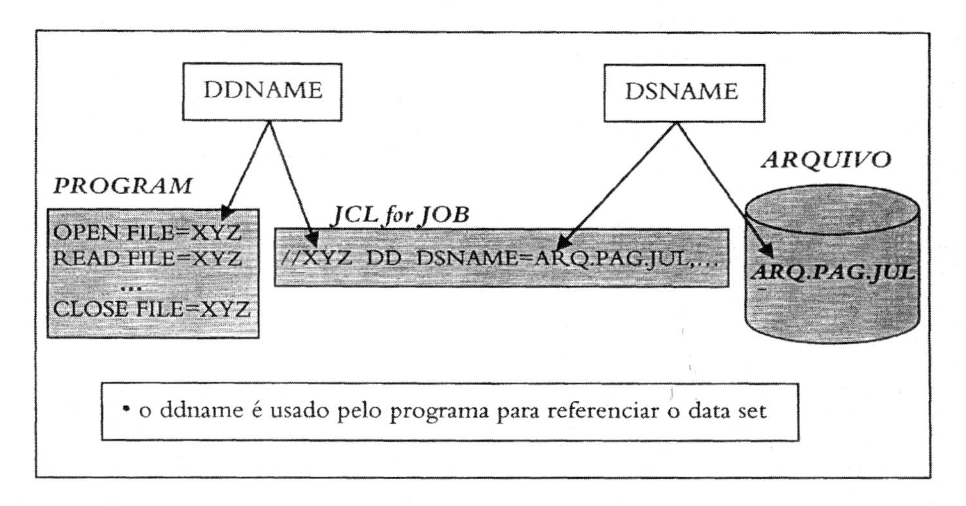

Figura 4-6 ddname

O ddname deve começar sempre na coluna 3, deve ter de 1 a 8 caracteres alfanuméricos ou nacionais ($,#,@). O primeiro caracter tem de ser alfabético ou nacional e após o ddname devemos codificar pelo menos um branco.

4.4.2 DSNAME

O parâmetro **D**ata **S**et **N**ame (DSNAME ou DSN) especifica o nome do data set.

Data sets podem ser temporários ou não.

Os arquivos temporários são usados para armazenamento durante a vida útil de um JOB.

Arquivos temporários podem ser nomeados ou não. Quando nomeados são codificados dois *ampersands* (&&) antes do nome

Exemplo:

//DATA1 DD DSN=&&ARQUIVO

ou

//DATA1 DD demais parâmetros do cartão DD com exceção do DSN.

Data sets não-temporários podem ser salvos e reusados depois que o job termina.

- Regras para DSNAMEs com nomes qualificados:

- cada qualificador deve ter no máximo 8 caracteres alfanuméricos ou nacionais, sendo que o primeiro não pode ser numérico Ex: ALUNO.A12356.A1.A33333;
- o dsname inteiro deve ter no máximo 44 caracteres (incluindo os pontos);
- os arquivos em fita devem ter no máximo 17 caracteres, se forem especificados mais que 17, apenas os últimos 17 serão considerados.

4.4.3 DISP

Utilize o parâmetro DISP para informar ao Sistema o status do data set antes do início da step e também informar o que fazer com o data set ao término da step.

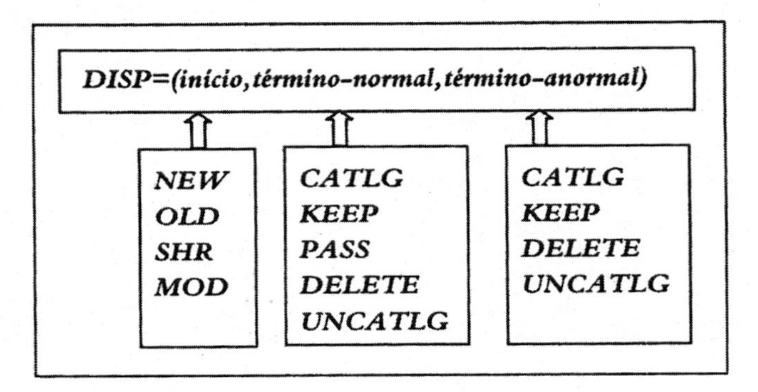

DEFAULTS:

Codificado:	Assumido:
DISP=NEW (ou não codificado)	DISP=(NEW,DELETE,DELETE)
DISP=(,KEEP)	DISP=(NEW,KEEP,KEEP)
DISP=OLD	DISP=(OLD,KEEP,KEEP)

- **Disposição Inicial** – situação do arquivo no início da step
  - **NEW** – o arquivo ainda não existe e está sendo criado
  - **OLD** – o arquivo já existe e não irá compartilhar o acesso com outros JOBs. No caso de arquivo de saída, o conteúdo anterior é perdido, ficando apenas os novos dados.
  - **SHR** – idêntico ao OLD exceto que vários jobs podem ler dados do arquivo ao mesmo tempo. Diz-se que o arquivo é *shared* (compartilhado).

- **MOD** – abre um arquivo sequencial já existente, posiciona a gravação no final do arquivo atual e adiciona dados ao arquivo.

- **Término normal e Término anormal** – O segundo subparâmetro do parâmetro DISP, término normal, indica a disposição do arquivo quando o mesmo é fechado ou quando o job termina normalmente. O terceiro subparâmetro indica a disposição do arquivo quando o job termina com erro. Os significados dos subparâmetros são os mesmos, com exceção do PASS, que não é permitido para a término anormal
  - **PASS** – passa o arquivo para as steps seguintes do job
  - **KEEP** – mantém o arquivo
  - **DELETE** – apaga o arquivo
  - **CATLG** – cataloga o arquivo
  - **UNCATLG** – descataloga o arquivo

Exemplos de DISP:

Criando um arquivo e catalogando-o no sistema ao término normal
//DD1 DD DSN=ALUNO99.JCL.ARQ1,DISP=(NEW,CATLG,KEEP)

Lendo ou regravando um arquivo (existente) de forma não compartilhada
//DD1 DD DSN=ALUNO99.JCL.ARQ1,DISP=OLD

Lendo um arquivo (existente) de forma compartilhada
//DD1 DD DSN=ALUNO99.JCL.ARQ1,DISP=SHR

Criando um arquivo (temporariamente) e passando-o para a próxima step ao término normal
//DD1 DD DSN=ALUNO99.JCL.ARQ1,DISP=(NEW,PASS)

4.4.4 UNIT

O parâmetro UNIT fornece ao sistema a informação necessária para associar um dispositivo a um data set.

Pode-se utilizar um dispositivo específico, um tipo ou grupo de dispositivos ou ainda o mesmo dispositivo que um outro data set.

SINTAXE:

```
{UNIT=([ddd   ] [,unit-count] [,DEFER])}
       [/ddd        ] [,P   ]
       [/dddd       ] [,]
       [device-type ]
       [group-name  ]

{UNIT=AFF=ddname                      }
```

- ddd = endereço do dispositivo. Ex: A80 ou /A80. Quando o endereço for de 4 dígitos usar sempre a barra. Ex.: /A720;
- device-type = especifica o tipo e o modelo do dispositivo ex : 3390 (modelo) ou 3400-5 (tipo e modelo);
- group-name = identifica um grupo de periféricos agrupados por um nome simbólico. Ex.: SYSALLDA, SYSDA, TAPE, ROBO;
- unit-count = especifica a quantidade de devices para o arquivo (1 a 59);
- DEFER = instrui o sistema a alocar a unidade somente se e quando o arquivo for aberto;
- P = instrui o sistema a alocar a quantidade de devices conforme a quantidade de VOLSER;
- AFF = requisita que o sistema aloque diferentes data sets que residam em diferentes volumes removíveis (fitas, por exemplo) no mesmo dispositivo durante a execução da step. Esta facilidade é utilizada na otimização de alocação de unidades de fitas pelo mesmo job.

Exemplos de UNIT:

```
//DATA1 DD UNIT=0C4      → endereço do dispositivo

//DATA2 DD UNIT=3390     → modelo do dispositivo

//DATA3 DD UNIT=SYSDA    → grupo

//DATA4 DD UNIT=ROBO     → nome exotérico definido pelo cliente
```

```
//STEP1 EXEC .....
//DD11  DD  DSN=ALUNO.CURSO.JCL,
//          DISP=NEW,UNIT=3480,.....
//STEP2 EXEC .....
//DD21  DD  DSN=ALUNO.ENTRADA,DISP=OLD
//DD22  DD  DSN=ALUNO.CURSO.JCL.SAIDA,
//          DISP=(,CATLG),UNIT=AFF=DD21
```

4.4.5 VOLUME

O parâmetro VOL é usado para indicar o volume ou volumes no qual o data set reside ou deverá residir.

Utilizando este parâmetro VOLUME, pode-se requisitar:

- um volume específico;
- a retenção do volume;
- um volume específico pelo número serial;
- o mesmo volume usado por outro data set;
- o número de volumes requeridos, etc.

```
{VOLUME}=([PRIVATE] [,RETAIN] [,vol-seq-number] [,volcount]
{VOL    }           [,       ] [,               ]

                         [,SER=serial-number                   ]
                         [,SER=(serial-number,[serial-number],...) ]
                     [,] [,REF=dsname                          ]
                         [,REF=*.ddname                        ]
                         [,REF=*.step.ddname                   ]
                         [,REF=*.step.procstepname.ddname      ]
```

- **PRIVATE** - requer um volume específico. Identificado pelo subparametro SER.
- **RETAIN** - para volume de fita, mantém o volume montado na unidade ao término da leitura.
- **vol-seq-number** – identifica o volume, em um já existente data set multivolume, onde o processamento do data set deve iniciar.
- **volcount** – especifica o número máximo de volumes que um data set de saída poderá requerer (de 1 a 255). Se o volcount não for especificado e ultrapassar o default de 5, o job abenda.
- **SER** - VOLSER. Identificador (ID) do volume ou volumes.
- **REF** – indica ao sistema onde obter o VOLSER de outro data set ou de um comando DD anterior.

Exemplos:

```
//INPUT DD DSN=MYTAPE,UNIT=TAPE,VOL=SER=ACT001

//INPUT DD DSN=ABC,UNIT=DISK,VOL=SER=TSO001

//DD1  DD DSNAME=DATA3,UNIT=3340,DISP=OLD,
//        VOL=(PRIVATE,SER=548863)

//DD2  DD DSNAME=QUET,DISP=(MOD,KEEP),UNIT=(3400-5,2),
//         VOLUME=(,,,4,SER=(96341,96342))

//STEP1  EXEC PGM=...
//DD1     DD DSN=OLD.ARQ,DISP=SHR
//DD2     DD DSN=FIRST,DISP=(NEW,CATLG,DELETE),
//        VOL=REF=*.DD1
...
//STEP2  EXEC PGM=...
//DD3     DD DSN=SECOND,DISP=(NEW,CATLG,DELETE),
//         VOL=REF=*.STEP1.DD1
```

VOLUME=SER=A12345 ***VOL=(,,,1,A12345)*** ***VOL=SER=A12345***	⇐	***MESMO EFEITO COM CODIFICAÇÕES DIFERENTES***

4.4.6 LABEL

Antes de falarmos de LABEL, é importante diferenciar:

- **MULTIVOLUME** – é um data set que ocupa mais de um volume. Os volumes podem ser discos ou fitas.
- **MULTIFILE** – é um único volume de fita que contém vários data sets.

O parâmetro LABEL indica ao sistema o tipo e conteúdo do label associado ao DATA SET.

Para arquivos em fita, este parâmetro também pode especificar a posição relativa do data set no volume.

SINTAXE:

```
LABEL=(file#,labeltype,,mode,RETPD=nnnn)
                          ,EXPDT={yyddd}
                                 {yyyy/ddd}
```

- **file#** - Indica a posição relativa do DATA SET em um volume. Válido para Volumes Multifile.
- **labeltype** – Indica o tipo de label da fita
  - **NL** - **No Label** - Indica ao sistema que o arquivo não possui DSNAME Interno. Só é válido para arquivos em fitas.
  - **SL** - **S**tandard **L**abel - Indica ao sistema que o arquivo possui DSNAME Interno (é o default).
  - **BLP** - **B**ypass **L**abel **P**rocessing - Indica ao sistema para desconsiderar o DSNAME. Só é válido para fitas.
- **mode** – Indica se o arquivo é protegido:
  - **IN** – protege o arquivo de ser aberto como output (saída).
  - **OUT** – protege o arquivo de ser aberto com input (entrada).
- **RETPD** - Indica ao sistema a quantidade de dias que o arquivo deverá ser retido até que possa ser apagado. Esta quantidade será somada à data corrente de criação do arquivo.
- **EXPDT** - Indica a data a partir da qual o arquivo poderá ser apagado, podendo estar nos formatos yyddd ou yyyy/ddd, onde yy designa o ano e ddd o dia (001 até 366).

Exemplos:

// ...,LABEL=(3,SL,,IN) → terceiro arquivo numa fita com label que pode apenas ser lido

// ...,LABEL=(2,NL,RETPD=188) ou // ...,LABEL=(2,NL),RETPD=188 → segundo arquivo numa fita sem label que deverá ficar retido por 188 dias

// ...,LABEL=(,NL) → primeiro arquivo de uma fita sem label

// ...,LABEL=EXPDT=2010/039 → o data set que está sendo criado deverá ficar retido até o dia 08 de fevereiro de 2010

4.4.7 SPACE

O parâmetro SPACE é utilizado para alocar espaço para todos os novos arquivos em um dispositivo de acesso direto (disco). Espaço em volume de disco pode ser alocado em unidades de blocos, cilindros, trilhas ou bytes.

Todos os subparâmetros do SPACE são posicionais e a ausência/omissão de um deve ser indicada por uma vírgula.

O espaço pode ser solicitado como uma quantidade primária e uma secundária. A quantidade primária é alocada quando o data set é aberto com a *disposition* NEW. A quantidade secundária é alocada quando a quantidade primária se esgota.

SINTAXE

```
SPACE=({TRK     } (,#prim [,#sec] [,#dir]) [,RLSE] [,CONTIG] [,ROUND])
       ({CYL     }           [,    ]        [,     ] [,             ]
       ({blklgth }
```

- **TRK** – requisita que o espaço seja alocado em trilhas.
- **CYL** – requisita que o espaço seja alocado em cilindros.
- **blklgth** – especifica o tamanho médio dos blocos, em bytes (de 0 a 65535). Os valores seguintes representam o número de blocos de tamanho blklgth que serão alocados.
- **#prim** – especifica a quantidade primária de trilhas, cilindros ou blocos que serão alocados.
- **#sec** – especifica o número de trilhas, cilindros ou blocos que serão alocados, se for necessário mais espaço. Até 123 extents para arquivos PDSE, HFS e VSAM. Para os outros tipos podem ser alocados até 16 extents.
- **#dir** – indica a quantidade de blocos de diretório para um arquivo particionado. Em um bloco de diretório cabem, em média, entradas para 5 membros de um particionado.
- **RLSE** – requisita que o espaço alocado para um arquivo de saída, mas não utilizado, deve ser liberado quando o arquivo é fechado.
- **CONTIG** – requisita que o espaço alocado para o data set deve ser contíguo. Este subparâmetro afeta apenas a alocação de espaço primário.
- **ROUND** – Quando o primeiro parâmetro especifica o tamanho de bloco, o ROUND requisita que o espaço alocado para o data set deve ser arredondado para um número inteiro de cilindros.

Exemplos

// SPACE=(CYL,10) → solicitação de 10 cilindros para o novo arquivo.

// **SPACE=(CYL(10,,10),,CONTIG)** → o sistema aloca 10 cilindros para o arquivo particionado, 10 blocos de diretório, e ainda solicita que o espaço seja contíguo.

// **SPACE=(1024,75)** → o espaço solicitado para este arquivo é o suficiente para caber 75 blocos de 1024 bytes. A quantidade de trilhas e/ou cilindros vai depender da unidade de disco utilizada.

4.4.8 DCB

O parâmetro DCB (Data Control Block – Bloco de Controle de Dados) do JCL é usado durante a execução de um programa em complemento à macro DCB usada no programa e serve para especificar as características do arquivo complementando o que estiver definido internamente no Programa.

SINTAXE

DCB=(subparâmetro[,subparâmetro]...)

Subparâmetros:

- **RECFM** – Record Format – especifica o formato e as características dos registros em um novo data set.
  - **F** – Fixo
  - **FB** – Fixo Blocado
  - **V** – Variável
  - **VB** – Variável Blocado
- **LRECL** – Logical Record Length - especifica o tamanho dos registros. De 1 a 32760 bytes.
  - igual ao tamanho do registro para registros de tamanho fixo;
  - igual ao tamanho do maior registro mais os 4 bytes de descrição dos registros de tamanho variável;
  - omitido para registros de tamanho indefinido.

- **BLKSIZE** – Block Size - especifica o tamanho, em bytes, de um bloco de registros. O tamanho máximo é de 32760.
  - deve ser um múltiplo do LRECL para registros de tamanho fixo;
  - deve ser igual ou maior que o LRECL para registros de tamanho variável;
  - deve ter o mesmo tamanho que o maior bloco para registros de tamanho indefinido.

- **DSORG** – Data Set Organization - especifica a organização do data set.

  . PS – Sequencial

. PO – Particionado

.VS –VSAM

. IS – Sequencial Indexado

. DA – Acesso Direto

. U – Indefinido

LRECL x BLKSIZE

*BLKSIZE =QTDE * LRECL*

Para RECFM=FIXO

Não Blocado

DCB=(BLKSIZE=80,LRECL=80,RECFM=F)

R1	G	R2	G	R3	G	R4	G	R5	G	R6	G	R7	G	R8	GAP

Blocado

DCB=(BLKSIZE=240,LRECL=80,RECFM=FB)

R1 R2 R3	G	R4 R5 R6	G	R7 R8 R9	GAP

Figura 4-7 Registro Fixo × Registro Fixo-blocado

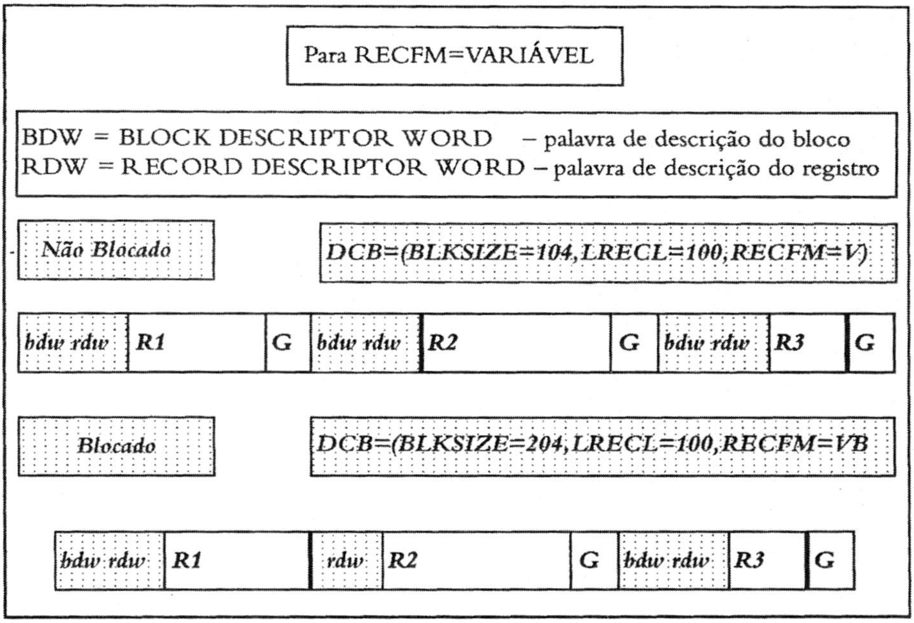

Figura 4-8 Registros de tamanho variável

4.4.9 SYSOUT

A saída do job, ou o *SYSOUT data set*, é o data set que contém o resultado do job, a ser impresso.

O parâmetro SYSOUT direciona estes dados para o SPOOL do JES.

```
SYSOUT= { class                                    }
        { *                                        }
        { ([class] [,writer-name] [,form-name])    }
                  [,INTRDR   ] [,code-name]
```

As classes de saída podem ser caracteres alfanuméricos (A-Z, 0-9).

Um asterisco indica ao sistema que use como classe de saída a mesma classe do MSGCLASS do cartão JOB.

Direciona dados para a fila de entrada do JES via Internal Reader.

//DD1 DD SYSOUT=(A,INTRDR)

4.4.10 OUTLIM

O parâmetro OUTLIM controla a quantidade de registros na SYSOUT, ou seja, o número de linhas que serão impressas.

SINTAXE

```
OUTLIM=nnn
```

//DD1 DD SYSOUT=(A,,DEMIS),***OUTLIM=1000***

Este parâmetro pode variar de 1 até 16.777.215.

Quando este parâmetro é omitido o limite é controlado por parametrização ou exit do sistema.

4.4.11 FREE

O parâmetro FREE especifica quando o sistema vai liberar o recurso usado pelo data set deste cartão DD. Os recursos podem ser dispositivos, volumes, ou data sets de uso exclusivo.

SINTAXE

```
FREE={END  }
     {CLOSE}
```

//DD1 DD SYSOUT=A,***FREE=CLOSE***

Com FREE=CLOSE a SYSOUT será liberada para tratamento no momento em que o programa fechar o arquivo, e não ao fim do JOB.

Default FREE=END

4.4.12 COPIES

O parâmetro COPIES especifica quantas cópias do *sysout data set* serão impressas. De 1 a 255 cópias.

SINTAXE

```
COPIES=nnn
```

//DD1 DD SYSOUT=A,***COPIES=3*** → serão geradas três cópias impressas.

4.4.13 DUMMY

O parâmetro DUMMY especifica que nenhum dispositivo ou espaço de memória é para ser alocado para o data set, ou seja, inibe a gravação de um ddname.

Uma das utilidades do parâmetro DUMMY é durante testes de programas.

SINTAXE

```
//ddname DD DUMMY[,parameter]...
```

Todos os parâmetros codificados num comando DD DUMMY têm de estar sintaxicamente corretos.

```
//DD1 DD DUMMY,SYSOUT=(A,,DEMIS),OUTLIM=1000,COPIES=3
          ⇧
  Não será gerada a saída
```

4.4.14 *

O parâmetro * é utilizado para indicar que as informações que vêm após este cartão DD são dados, e não JCL. É um *in-stream data set* (arquivo de dados em linha).

Para indicar o final dos dados, devemos codificar /* ou // indicando outro cartão de JCL, ou ainda um delimitador de dois caracteres especificado pelo parâmetro DLM neste mesmo cartão.

Se os registros de dados que seguem o DD contêm algum // nas colunas 1 e 2, use o parâmetro DATA no lugar do *.

Quando usamos o parâmetro DATA, é obrigatório codificar o delimitador (/* ou o que foi definido pelo DLM) no final dos dados, para permitir a continuação do JCL.

SINTAXE

```
//ddname DD * {[,parameter]...   }
              {,DLM=delimiter}
```

Indicação de início de dados

Exemplo:

```
//ALUNO99 JOB (MVS,999,999),CLASS=A,MSGCLASS=H,
//    MSGLEVEL=(1,1)
//STEP1     EXEC  PGM=IEBGENER
//SYSUT1   DD  *
*______________________________*
Joao da Silva         Rua das Margaridas, 98/103
Vera Caldas           Avenida Marechal Flores, 1098
Manoel Ribeiro        Rua D, 28 sobrado
Eliane Gonçalves      Avenida Cruz Alves, 315/1002
*______________________________*
/*
//SYSUT2    DD  SYSOUT=*
//SYSPRINT  DD  DUMMY
//SYSOUT    DD  SYSOUT=*
```

Final do input-stream

Utilizado quando entre os dados existir um cartão com // nas colunas 1 e 2

Exemplo:

```
//ALUNO99 JOB (MVS,999,999),CLASS=A,MSGCLASS=H,
//      MSGLEVEL=(1,1)
//STEP1     EXEC  PGM=IEBGENER
//SYSUT1   DD  DATA,DLM=ZZ
*______________________________*
Joao da Silva         Rua das Margaridas, 98/103
Vera Caldas           Avenida Marechal Flores, 1098
//ISTO E UM EXEMPLO
Manoel Ribeiro        Rua D, 28 sobrado
Eliane Gonçalves      Avenida Cruz Alves, 315/1002
ZZ
//SYSUT2    DD  SYSOUT=*
//SYSPRINT  DD  DUMMY
//SYSOUT    DD  SYSOUT=*
```

Final do input-stream

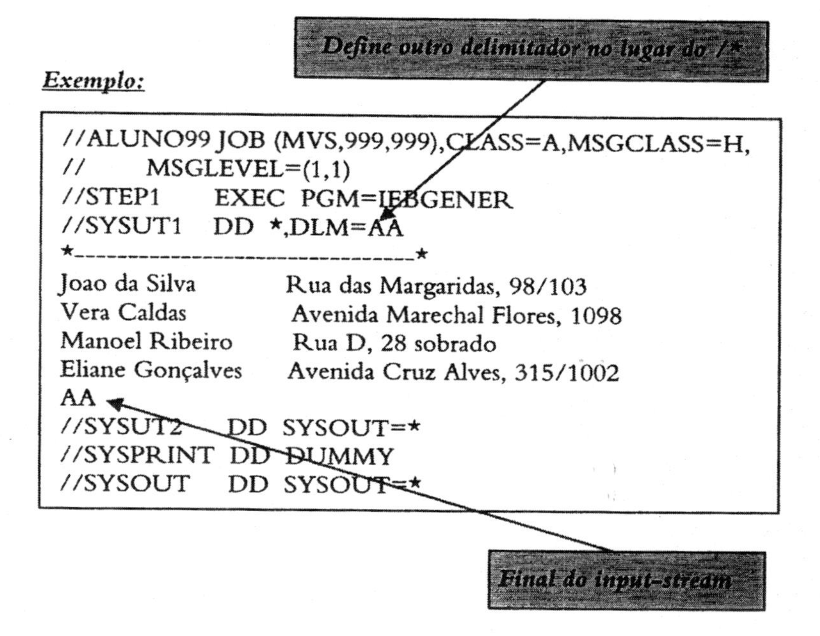

Lista de Exercícios 4

1) Quais os erros dos comandos abaixo?

a) //STEP1 EXEC PGM=PROG705,

//PARM='DIV=250,LOTE=252,RODADA=3,TIME=18,

// TERRITORIO=CENTRO'

b) //ENTRA01 DD DISP=SHR,UNIT=SYSDA,VOL=SER=PROD15,

// DSN=PROJ648.MATERIAL.CONSTRU.ESTRUTUR.NACIONAL.ARQ2

c) //SAI5 DD DSN=FAT.TEMP.ARQ4,DISP=SHR VOL=SER=WORK01

2) Codifique um comando COND para um stepname chamado STEP6 que executará o programa DISKSCX, que somente deverá ser executado se o return code da STEP3 for maior ou igual a 4, e não executar se qualquer step anterior abendar.

3) Qual(is) dos seguintes nomes de step são válidos?

a) $STEP#5

b) RUN TWO

c) *STEP4

d) EXAMPLE#12

4) Qual dos seguintes comandos deve ser codificado para executar o programa FIXIT no caso de um término anormal na step anterior?

a) //STEP3 EXEC PGM=FIXIT

b) //STEP3 EXEC PGM=FIXIT,COND=EVEN

c) //STEP3 EXEC PGM=FIXIT,COND=ONLY

5) Faça a correspondência do parâmetro do comando DD com sua descrição:

1. UNIT	A. A fita ou o disco em que o arquivo está armazenado
2. DSN	B. O estado corrente e o estado na terminação da step do data set
3.VOL	C. O tipo de dispositivo de hardware usado para armazenar ou acessar um data set
4. DISP	D. Nome do data set

A –
B –
C –
D –

6) Qual dos comandos EXEC pode passar até 100 caracteres de dados para um programa?

a) COND

b) ACCT

c) PERFORM

d) PARM

7) Onde são armazenados os programas referenciados por um comando EXEC?

a) Biblioteca de procedures

b) Dispositivos de fita

c) Arquivos Sequenciais

d) Biblioteca de Programas

8) Ligue a coluna 1 com a coluna 2:

1. EXEC	A. Descreve o arquivo que será utilizado
2. DD	B. Identifica o início de uma step de um job e identifica o programa que será executado
3. JOB	C. Identifica o início de um job e especifica o nome do job

A –
B –
C -

9) Coloque os seguintes comandos na sequencia correta:

a) //JOBLIB DD DSN=MYLIB
b) //PROB1 JOB
c) //DD1 DD DSN=ABC
d) //STEP1 EXEC PGM=TEST

10) Qual dos seguintes comandos DD está corretamente codificado para utilização de um programa que faz I/O utilizando um DDNAME no programa chamado XYZ?

a) // DD UNIT=XYZ
b) //ABC DD DDNAME=XYZ
c) //XYZ DD ...
d) // DD DSN=XYZ

11) Com qual dos abaixo se inicia uma step de um job?

a) Um comando DD que identifica o arquivo.
b) Onde os comandos de JCL estão armazenados.
c) O comando JOB a ser executado.
d) Um comando EXEC que identifica um nome de programa.

12) Se não codificamos o parâmetro PGM= ou PROC= num comando EXEC, como no exemplo:

//STEP EXEC PAGATO, o que o sistema operacional fará automaticamente?

a) Procura por uma procedure com o nome especificado.
b) Procura por um programa com o nome especificado.
c) Procura todos os programas e procedures com o nome especificado.
d) Apresenta um código de erro e causa uma terminação anormal (ABEND).

4.5 DDs Especiais

4.5.1 STEPLIB

Informa a localização do programa definido no cartão EXEC **desta** step.

O cartão STEPLIB pode ser codificado em qualquer posição, entre os comandos DD, da step onde se aplica.

Se o sistema não encontra o programa na STEPLIB, então procura na SYS1.LPALIB e nas bibliotecas da LINKLST.

Exemplo:

```
//ALUNO9 JOB  ACCT,MSGCLASS=H,MSGLEVEL=(1,1),
//           CLASS=A,NOTIFY=SK00925
//STEP1     EXEC  PGM=FOLHA
//STEPLIB  DD  DSN=SYS2.LOADLIB,DISP=SHR
//DD1       DD  DSN=ARQIN,DISP=OLD
//DD2       DD  DSN=ARQOUT,DISP=(,CATLG,KEEP),UNIT=SYSDA,
//       DCB=(RECFM=FB,LRECL=80,BLKSIZE=0),SPACE=(TRK,(1,1))
```

4.5.2 JOBLIB

Informa a localização de todos os programas definidos nos cartões EXEC de **todas** as steps do job.

O cartão JOBLIB deve ser codificado imediatamente após o cartão JOB.

Se no mesmo job são utilizados os cartões JOBLIB e STEPLIB, na step onde é utilizado o STEPLIB o sistema ignora o JOBLIB, ou seja, o programa vai ser procurado na STEPLIB e em seguida nas bibliotecas do sistema.

Exemplo:

```
//ALUNO9 JOB  ACCT,MSGCLASS=H,MSGLEVEL=(1,1),
//           CLASS=A,NOTIFY=SK00925
//JOBLIB  DD  DSN=SYS2.LOADLIB,DISP=SHR
//STEP1     EXEC  PGM=FOLHA
//DD1       DD  DSN=ARQIN,DISP=OLD
//DD2       DD  DSN=ARQOUT,DISP=(,CATLG,KEEP),UNIT=SYSDA,
//       DCB=(RECFM=FB,LRECL=80,BLKSIZE=0),SPACE=(TRK,(1,1))
```

4.5.3 SYSIN

Por convenção, normalmente utiliza-se o comando SYSIN DD antes de um conjunto de dados.

Conjunto de dados começa com comandos DD * ou DD DATA; e estes comandos podem utilizar qualquer stepname válido, incluindo SYSIN.

Porém, se o comando DD é omitido antes de um conjunto de dados, o sistema gera um comando DD * usando SYSIN como stepname.

Exemplo:

```
//ALUNO9 JOB ACCT,MSGCLASS=H,MSGLEVEL=(1,1),
//          CLASS=A,NOTIFY=SK00925
//JOBLIB DD DSN=SYS2.LOADLIB,DISP=SHR
//STEP1    EXEC PGM=DEMISS
//DD1      DD DSN=ARQOUT,DISP=OLD
//DD2      DD DSN=ARQDEM,DISP=(,CATLG,KEEP),UNIT=SYSDA,
//      DCB=(RECFM=FB,LRECL=80,BLKSIZE=0),SPACE=(TRK,(1,1))
//SYSIN DD *
DEZEMBRO
/*
```

4.5.4 SYSUDUMP

DDNAME utilizado para gravar um dump caso ocorra um ABEND.

Produz um dump das áreas alocadas ao Programa do usuário.

O dump é formatado e pode ser impresso diretamente.

Exemplo:

```
//ALUNO9 JOB  ACCT,MSGCLASS=H,MSGLEVEL=(1,1),
//          CLASS=A,NOTIFY=SK00925
//JOBLIB DD DSN=SYS2.LOADLIB,DISP=SHR
//STEP1    EXEC PGM=DEMISS
//DD1      DD DSN=ARQOUT,DISP=OLD
//DD2      DD DSN=ARQDEM,DISP=(,CATLG,KEEP),UNIT=SYSDA,
//        DCB=(RECFM=FB,LRECL=80,BLKSIZE=0),SPACE=(TRK,(1,1))
//SYSIN  DD *
DEZEMBRO
/*
//SYSUDUMP DD SYSOUT=D
```

4.5.5 SYSABEND

DDNAME utilizado para gravar um dump caso ocorra um ABEND.

Produz um dump igual ao SYSUDUMP acrescentando algumas áreas do Sistema:

- LSQA = Local system queue area (inclui subpool 229,230 e 249).
- IOS = Blocos de controle do Input/Output System (blocos de controle da Task com problemas).

O dump é formatado e pode ser impresso diretamente.

Exemplo:

```
//ALUNO9 JOB  ACCT,MSGCLASS=H,MSGLEVEL=(1,1),
//          CLASS=A,NOTIFY=SK00925
//JOBLIB DD DSN=SYS2.LOADLIB,DISP=SHR
//STEP1    EXEC PGM=DEMISS
//DD1      DD DSN=ARQOUT,DISP=OLD
//DD2      DD DSN=ARQDEM,DISP=(,CATLG,KEEP),UNIT=SYSDA,
//        DCB=(RECFM=FB,LRECL=80,BLKSIZE=0),SPACE=(TRK,(1,1))
//SYSIN  DD *
DEZEMBRO
/*
//SYSABEND DD SYSOUT=D
```

4.5.6 SYSMDUMP

DDNAME utilizado para gravar um dump caso ocorra um ABEND.

Produz um dump das áreas do sistema e do address-space do programa.

O DUMP não é formatado e serve para ser analisado via ferramenta IPCS (**I**nteractive **P**roblem **C**ontrol **S**ystem).

Exemplo:

```
//ALUNO9 JOB ACCT,MSGCLASS=H,MSGLEVEL=(1,1),
//          CLASS=A,NOTIFY=SK00925
//JOBLIB DD DSN=SYS2.LOADLIB,DISP=SHR
//STEP1    EXEC PGM=DEMISS
//DD1      DD DSN=ARQOUT,DISP=OLD
//DD2      DD DSN=ARQDEM,DISP=(,CATLG,KEEP),UNIT=SYSDA,
//      DCB=(RECFM=FB,LRECL=80,BLKSIZE=0),SPACE=(TRK,(1,1))
//SYSMDUMP DD UNIT=SYSDA,VOL=SER=AL0035,
//      DSNAME=MDUMP,SPACE=(CYL,(100,20)),
//      DISP=(NEW,DELETE,KEEP)
```

4.5.7 Concatenação de DDs

Operação pela qual diversos arquivos físicos são vistos pelo programa como um único arquivo lógico e processados na sequência em que são colocados na JCL. São DDs codificados um após o outro, porém todos sob um único ddname (DD1 no exemplo a seguir).

Arquivos concatenados devem ter características compatíveis.

Exemplo:

```
//ALUNO9 JOB ACCT,MSGCLASS=H,MSGLEVEL=(1,1),
//          CLASS=A,NOTIFY=SK00925
//JOBLIB DD DSN=SYS2.LOADLIB,DISP=SHR
//STEP1    EXEC PGM=FOLHA,PARM='DEZEMBRO'
//DD1      DD DSN=ARQIN.JAN,DISP=OLD
//         DD DSN=ARQIN.FEV,DISP=OLD
//         DD DSN=ARQIN.MAR,DISP=OLD
//         DD DSN=ARQIN.ABR,DISP=OLD
//DD2      DD DSN=ARQOUT,DISP=(,CATLG,KEEP),UNIT=SYSDA,
//      DCB=(RECFM=FB,LRECL=80,BLKSIZE=0),SPACE=(TRK,(1,1))
//
```

4.6 Cartões ou Comandos de JES2

Comandos de JES2 são utilizados como comandos de JCL para controlar o processamento de entrada e saída dos jobs.

Lista de Comandos de JES que podem ser inseridos no JCL:

/*$command – Emite um comando de operador para o JES2 via in-stream.
Exemplo: /*$si3-5 → este comando ativa os initiators de 3 a 5

/*JOBPARM – Especifica parâmetros do JOB em tempo de input.
Exemplo: /*JOBPARM PROCLIB=PROC03,COPIES=5 → este job vai utilizar a proclib PROC03 e imprimir a sysout 5 vezes

/*MESSAGE – Envia mensagem para a console do operador.
Exemplo: /*MESSAGE FAVOR LIGAR RAMAL 3333 SE SOLICITAR FITA → esta mensagem aparecerá na console do operador

/*NOTIFY – Especifica um destino para mensagens de notificação. Prevalece sobre o comando NOTIFY do cartão JOB.
Exemplo: /*NOTIFY UCIDS04 → vai enviar as mensagens de notificação de fim de job para o usuário UCIDS04

/*OUTPUT – Especifica características e opções para um ou mais arquivos de saída (sobrepõe o cartão OUTPUT).
Exemplo: /*OUTPUT PAGA01 DEST=LOCAL,FORMS=321 → vai imprimir a sysout do DD PAGA01 em uma impressora local, no formulário identificado como 321

/*ROUTE XEQ – Especifica o destino da execução do job (em qual nó o job será executado).
Exemplo: /*ROUTE XEQ ZOSIBM → este job vai executar no nó ZOSIBM

/*SETUP – Requisita montagem de volumes necessários para o JOB.
Exemplo: /*SETUP 450321,450322 → requer que os volumes 450321 e 450322 sejam montados antes de o job começar a ser executado

/*XEQ – Especifica o local de execução do JOB (idêntico ao /*ROUTE XEQ).

4.7 Parâmetros para SMS

O SMS (Storage Management Subsystem) é um componente do DFHSMS.

Permite alocação de arquivos baseada em "perfis" previamente definidos e classificados, sem a preocupação com as unidades físicas, o que permite um gerenciamento mais adequado da utilização das mesmas.

As rotinas ACS (Automatic Class Selection) permitem que os parâmetros do SMS sejam selecionados automaticamente, baseados no nome do data set, nome do job, nome do usuário, etc.

Os parâmetros de SMS fazem parte do cartão DD, e somente podem ser utilizados se o SMS estiver ativo no sistema.

4.7.1 DATACLAS

Especifica a *data class* que será utilizada na alocação do novo data set.

As *data classes* são definidas pelo administrador do SMS, que deve informar os nomes e as características de cada uma delas.

Uma *data class* define os seguintes atributos: RECFM, LRECL, DSNTYPE, SPACE, RETPD, EXPDT, etc.

Sintaxe

```
DATACLAS=data-class-name
```

Exemplo:

```
//DD1  DD  DSN=ALUNO.ARQ1,DATACLAS=DCL01,
//         DISP=(NEW,CATLG)
```

4.7.2 STORCLAS

Especifica a *storage class* que será utilizada na alocação do novo data set gerenciado pelo SMS.

As *storage classes* são definidas pelo administrador do SMS, que deve informar os nomes e as características de cada uma delas.

Uma *storage class* define os atributos que seriam definidos pelos parâmetros UNIT e VOLUME.

Sintaxe

```
STORCLAS=storage-class-name
```

Exemplo:

```
//DD1 DD DSN=ALUNO.ARQ1,DATACLAS=DCL01,
//       STORCLAS=SCL1,DISP=(NEW,CATLG)
```

4.7.3 MGMTCLAS

Especifica a *management class* que será utilizada na alocação do novo data set gerenciado pelo SMS.

As *management classes* são definidas pelo administrador do SMS, que deve informar os nomes e as características de cada uma delas.

Uma *management class* controla, após a alocação do data set, as regras de migração e de backup do data set.

Sintaxe

```
MGMTCLAS=management-class-name
```

Exemplo:

```
//DD1 DD DSN=ALUNO.ARQ1,DATACLAS=DCL01,DISP=(,CATLG),
//       STORCLAS=SCL1,MGMTCLAS=MAG3
```

- **Obs.**:
  - as regras de migração incluem a migração para a primary storage do DFSMShsm;
  - as regras de backup incluem a frequência do backup, número de versões e critério de retenção das mesmas.

4.8 Procedures

Procedures são um conjunto de cartões de JCL codificados na instalação ou distribuídos pela IBM, que são de uso geral e frequente. Para evitar que cada um fique codificando o mesmo conjunto, a Procedure, uma vez preparada, é guardada em um arquivo especial (PROCLIB) e assim, todos, quando necessitam, podem utilizá-la.

As procedures devem ser catalogadas em um arquivo particionado (PDS ou PDSE).

A biblioteca de procedures do sistema chama-se SYS1.PROCLIB.

Outras bibliotecas de procedures (Proclibs adicionais) podem ser definidas pela instalação, na proc de inicialização do JES2.

O nome de uma procedure catalogada é o nome do membro no PDS.

- **Procedures Catalogadas**
    - Procedure definida em uma biblioteca
    - Permite ser usada por vários Jobs.
    - Permite usar comandos de JES.
    - Permite uso de dados in-stream.
    - Permite chamar outra proc.
    - Erro na proc, afeta todos os Jobs.
- **Procedures In-Stream**
    - Procedure definida dentro do Job
    - Usada somente pelo Job
    - Não permitem comandos de JES
    - Não permitem dados in-stream
    - Não permite chamar outra proc in-stream
    - Erro na proc, afeta só um Job

Exemplo:

Chamando uma PROC Catalogada:

```
//EXEMPLO1 JOB
//ST1      EXEC P100
```

Chamando uma PROC IN-STREAM:

```
//EXEMPLO2 JOB
//P100        PROC
//INI      EXEC PGM=PROG10
//ARQ1  DD ....
//ARQ2  DD .....
//P100END  PEND
//STEP1  EXEC  P100
```

4.8.1 Parâmetros Simbólicos

Parâmetros SIMBÓLICOS são identificados com o caracter **&** → **&nome**

Servem para definir valores defaults (na falta de, quando não definidos) para os parâmetros dentro de uma procedure.

Exemplo:

```
//DEF  PROC  STATUS=NEW,LIBRARY='ALUNO.CURSO.JCL',CYL=5
//NOTIFY  EXEC  PGM=SCX
//DD1  DD  DSNAME=SCX.ARQ,DISP=(&STATUS,KEEP),
//         UNIT=SYSDA,SPACE=(CYL,(&CYL,1)),
//         DCB=(RECFM=FB,LRECL=80,BLKSIZE=0)
//DD2  DD  DSNAME=&LIBRARY,DISP=OLD
//         PEND
```

Neste exemplo, esta proc ao ser chamada usará como defaults os valores especificados nos simbólicos.

Estes valores poderão ser alterados dinamicamente pelo usuário, na hora da chamada da proc, bastando informar novos valores para os simbólicos.

Usando a proc anterior podemos informar novos valores para os simbólicos:

```
//JOB23    JOB
//STEP1    EXEC  DEF,CYL=10
//STEP2    EXEC  DEF,LIBRARY='ALUNO.CURSO.JCL2',CYL=1
```

Nestes exemplos não informamos todos os simbólicos. Os que foram omitidos terão seu valor conforme o que está codificado na PROC.

4.8.2 Overrides

O **OVERRIDE** significa substituir um parâmetro da proc, informando um novo.

O formato geral para alterar um parâmetro de um comando DD de uma procedure sendo chamada é:

```
//procstepname.ddname  DD  parameter=value
```

Este comando deve ser codificado imediatamente depois do comando EXEC. Quando especificando explicitamente o "procstepname", a ordem dos comandos DD de override pode ser qualquer uma.

Exemplo:

```
//EXEMPLO  JOB
//STEP1        EXEC  DEF,CYL=10
//NOTIFY.DD2  DD  DSN=ALUNO.CURSO.JCL.OVER,DISP=SHR
//STEP2        EXEC  DEF,LIBRARY='ALUNO.CURSO.JCL2',CYL=1
//NOTIFY.DD1  DD  UNIT=TAPE
```

Lista de Exercícios 5

1) Dado o seguinte código, determine qual biblioteca o sistema deve procurar primeiro pelo programa UTILITY:

```
//MYJOB1   JOB    514,SMITH
//JOBLIB   DD     DSN=USER1
//STEP1    EXEC   PGM=UTILITY
//STEPLIB  DD     DSN=SMITHLIB
```

a) Biblioteca do usuário SMITHLIB

b) SYS1.LINKLIB ou LINKLIST

c) Biblioteca do usuário USER1

2) Em qual(is) das opções abaixo os programas referenciados num comando EXEC são armazenados ?

a) Biblioteca de procedures

b) Dispositivos de fita

c) Arquivos Sequenciais

d) Biblioteca de Programas

3) O seguinte comando EXEC chama o programa PAYROLL.

Por que você deve receber um erro de "PROGRAM NOT FOUND" (programa não encontrado) ?

```
//PAY          JOB   343,SMITH
//STEP1      EXEC   PGM=PAYROLL
//CHECK      DD     DSN=CHECKS
```

a) O programador não codificou um comando DD JOBLIB ou STEPLIB.

b) Existe um erro de codificação no comando JOB .

c) O programador deveria ter utilizado PROC=PAYROLL.

d) O nome do programa está escrito errado.

4) Qual das seguintes mensagens de erro pode ocorrer para o JCL abaixo?

```
//LA$JOE    JOB     (52DR22,'J.JONES'),CLASS=K
//STEP              EXAC   PGM=MYJOB2
```

a) IEF642I EXCESSIVE PARAMETER LENGTH

b) IEFC622I UNBALANCED PARENTHESIS

c) IEFC605I UNIDENTIFIED OPERATION FIELD

5) Qual(is) dos seguintes comandos DD especiais são usados para especificar uma biblioteca particular para recuperar um programa?

a) JOBLIB

b) SYSLIB

c) LINKLIB

d) STEPLIB

6) Para chamar uma procedure DELFILE, o comando EXEC deve ser codificado como //UTILITY EXEC ______________ ou ________________________

7) Um JCL pode ser submetido ou startado. Qual a diferença?

8) Ligue o ddname especial à sua função:

1. SYSABEND	A. Solicita um dump não-formatado da área de processamento do programa e do núcleo do sistema, e deve ser analisado por ferramenta especial
2. SYSMDUMP	B. Solicita um dump formatado da área de processamento do programa e dos blocos de controle do sistema
3. SYSUDUMP	C. Solicita um dump formatado da área de processamento do programa

A –

B –

C –

9) Ligue os termos a sua definição:

1. Procedure	A. Uma procedure que é definida no corpo do job
2. Cataloged procedure	B. JCL pré-codificado, com um nome único, que consiste em uma ou mais steps de jobs
3. In-stream procedure	C. Uma procedure que é armazenada em uma biblioteca de procedures

A –

B –

C –

10) Qual(is) dos seguintes podem fazer parte da definição de uma procedure catalogada?

a) Comando PROC

b) Um comando EXEC chamando uma procedure

c) Comandos DD

d) Comando PEND

11) Os itens abaixo foram codificados em um comando DD para alterar especificações numa procedure. Coloque-os na sequência correta:

A. DD

B. Parâmetro a ser alterado

C. DDNAME

D. Nome da step da procedure seguida de um ponto

E. Valor do parâmetro a ser alterado

F. //

G. Um sinal de igual

12) Ligue o tipo de procedure com a situação em que seu uso é mais apropriado:

1. Testando uma nova procedure	A. Uma procedure in-stream
2. Vários usuários usando a procedure	B. Uma procedure catalogada

A –

B –

13) Qual dos comandos a seguir começa uma procedure in-stream com o objetivo de separá-la do restante do job?

a) Uma step de uma procedure

b) Um comando PROC

c) Um comando PEND

5

Utilitários do Sistema

São programas que fazem parte do sistema, desempenham funções de uso comum, estão no pacote do SMS denominado DFSMS-DFP e auxiliam no gerenciamento de arquivos.

Estes Utilitários, chamados de Utilitários do Sistema, são válidos apenas para arquivos Não-VSAM.

Formalmente, há 2 classes de Utilitários:

IEBxxxxx	→ *Voltados para arquivos*
IEBGENER	→ Cópia de arquivos e seleção de registros
IEBPTPCH	→ Print e Punch – Permite imprimir e "perfurar cartão" de um PDS
IEBUPDTE	→ Permite atualizar um membro de um PDS
IEBDG	→ Usado para gerar massa de dados para testar programas

IEHxxxxx	→ *Voltados para volumes*
IEHMOVE	→ Move arquivos de um disco para outros (hoje ISPF e SMS)
IEHPROGM	→ Deleta e renomeia arquivos (hoje IDCAMS ou ISPF)
IEHLIST	→ Lista VTOC do volume

- **Regra Geral para os Utilitários IEB , IEH**
  - DDNAME de entrada: SYSUT1
  - DDNAME de saída : SYSUT2
  - DDNAME de mensagem: SYSPRINT (Usar DUMMY, mas não omitir)
  - DDNAME de parâmetros: SYSIN (Usar DUMMY, mas não omitir)

- **Para o SYSIN: Formato Geral:**

_ _ _ _ + _ _ _ _ 1 _ _ _ _ + _ _ _ _ 2 _ _ _ _ + ... 72

  - A primeira COLUNA sempre em BRANCO.
  - Na segunda coluna iniciar com um LABEL (opcional) ou com o COMANDO.
  - Para continuação, colocar qualquer caracter na coluna 72, e na próxima linha iniciar na coluna16.
- Além dos utilitários IBM, cada instalação pode ter outros utilitários adquiridos no mercado de outros fornecedores.

OBJETIVO	*UTILITÁRIO*
Alterar a organização de um data set	IEBGENER, IEBUPDTE, IEBPTPCH
Converter um data set para sequencial	IEBGENER, IEBUPDTE
Copiar um arquivo particionado	IEBCOPY, IEHMOVE
Copiar um arquivo sequencial	IEBGENER, IEHMOVE, IEBUPDTE, IEBPTPCH
Criar um data set sequencial de saida	IEBDG, IEBGENER, IEBPTPCH
Editar e copiar um arquivo sequencial	IEBGENER, IEBUPDTE, IEBPTPCH
Fundir (juntar os membros) de arquivos particionados	IEBCOPY, IEHMOVE
Substituir membros selecionados de um PDSE	IEBCOPY, IEBUPDTE

5.1 IEBCOPY → Trata de Arquivos Particionados

- O utilitário IEBCOPY pode ser utilizado para:
  (É a opção 3.3 do ISPF/PDF)
  - Fazer uma cópia de um PDS ou de um PDSE.
  - Fundir arquivos particionados.
  - Criar uma forma sequencial de um PDS ou PDSE para backup e/ou transporte.
  - Selecionar membros específicos de um PDS ou PDSE para serem copiados, carregados ou descarregados.

- Substituir membros de um PDS ou PDSE.
- Renomear membros selecionados de PDE ou PDSE quando copiados.
- Comprimir um PDSE (Compress in place).
- Copiar e reblocar módulos de carga.
- Converter um PDS em um PDSE ou vice-versa.

- **Comandos de Controle de JOB para o IEBCOPY**

COMANDO	*USO*
JOB	Começa o JOB
EXEC	Começa o IEBCOPY
SYSPRINT DD	Define o arquivo sequencial usado para listar os comandos de controle e as mensagens
SYSUT1 DD	Define o PDS de entrada
SYSUT2 DD	Define o PDS de saída
SYSUT3 DD	Define arquivo em disco para área de trabalho
SYSUT4 DD	Define arquivo em disco para área de trabalho
SYSIN DD	Define a entrada dos parâmetros que especificarão o que executar

Use o comando COPY para fazer cópias, operações de load e unload.

Podem-se utilizar quantos comandos COPY forem necessários em um único job.

SINTAXE	*Comando COPY*

```
[label] COPY OUTDD=DDname
             ,INDD=[(]{DDname | (DDname,R)}[,...][)][,LIST={YES | NO}]
```

- **OUTDD=DDname** → especifica o ddname do arquivo de saída
- **INDD=DDname** → especifica o ddname do arquivo de entrada.
- (DDname,**R**) → especifica que os membros a serem copiados, se já existirem no arquivo de saída, serão substituídos (replaced).
- **LIST={YES | NO}** → especifica que os nomes dos membros copiados serão listados ou não no data set SYSPRINT.

SINTAXE	*Comando EXLUDE*

[label] EXCLUDE MEMBER=[(]name1[,name2] [,...][)]

- Especifica os membros do arquivo de entrada que não devem ser copiados.
- Os membros não são deletados do arquivo de entrada.

SINTAXE	**Comando SELECT**

```
[label] SELECT MEMBER=({name1|
                        (name1,newname1[,R])|
                        (name1,,R)}
                       [,{name2|
                        (name2,newname2[,R])|
                        (name2,,R)}][,...])
```

- Especifica os membros a serem selecionados do arquivo de entrada.
- Para renomear um membro especifique o nome antigo (*name1*), seguido pelo novo nome (*newname1)* e, opcionalmente, o parâmetro **R** (replace).

Exemplo 1:

```
//COPY     JOB ...
//JOBSTEP EXEC PGM=IEBCOPY
//SYSPRINT DD SYSOUT=*
//SYSUT1  DD DSN=DATASET5,UNIT=SYSDA,VOL=SER=111113,
//           DISP=SHR
//SYSUT2  DD DSN=DATASET4,UNIT=SYSDA,VOL=SER=111112,
//           DISP=(NEW,KEEP),SPACE=(TRK,(5,1,2))
```

- Como os arquivos de entrada e saída são identificados como SYSUT1 e SYSUT2, o data set SYSIN não se faz necessário.
- Todos os membros do data set SYSUT1 serão copiados no SYSUT2.

Exemplo 2:

```
//COPY      JOB
//JOBSTEP EXEC PGM=IEBCOPY
//SYSPRINT  DD  SYSOUT=A
//IN1     DD  DSNAME=DATASET1,UNIT=SYSDA,
//            VOL=SER=111112,DISP=SHR
//IN5     DD  DSNAME=DATASET5,UNIT=SYSDA,
//            VOL=SER=111114,DISP=OLD
//OUT2  DD  DSNAME=DATASET2,UNIT=SYSDA,
//            VOL=SER=111115,DISP=(OLD,KEEP)
//IN6     DD  DSNAME=DATASET6,UNIT=SYSDA,
//            VOL=SER=111117,DISP=(OLD,DELETE)
//SYSUT3  DD  UNIT=SYSDA,SPACE=(TRK,(1))
//SYSIN  DD  *
 COPYOPER  COPY  OUTDD=OUT2
                  INDD=IN1
                  INDD=IN6
                  INDD=IN5
/*
```

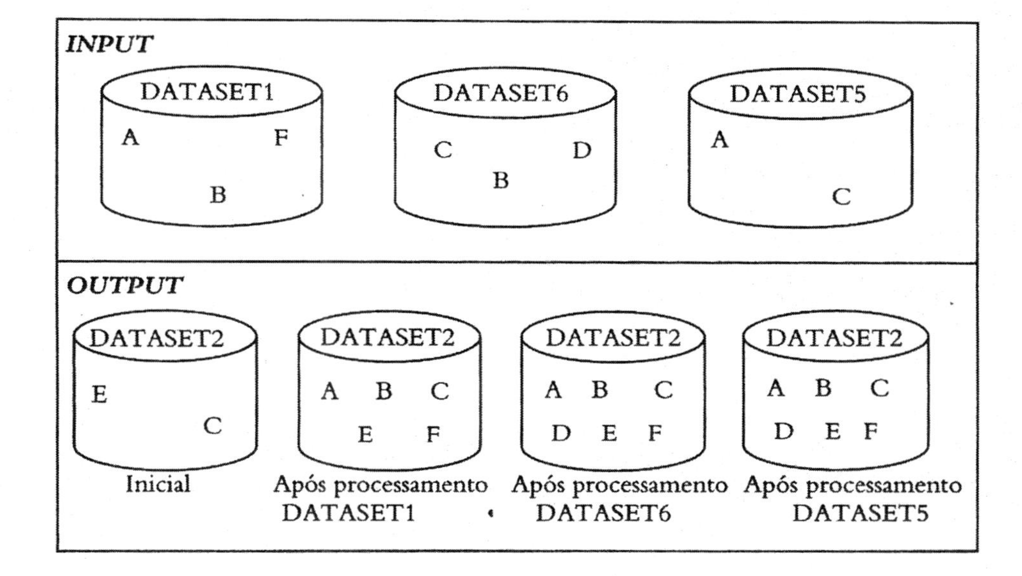

5.2 IEBGENER → Trata de Arquivos Sequenciais

O utilitário IEBGENER pode ser utilizado para:

- Criar uma cópia backup como um arquivo sequencial, de um membro de um PDS ou PDSE, ou ainda de arquivo HFS (Z/OS Unix).
- Fazer a operação inversa, de baixar o backup.
- Imprimir data sets sequenciais, membros de PDS ou PDSE ou de arquivos HFS.
- Alterar o tamanho de registro ou a blocagem de um arquivo.

- Comandos de Controle de JOB para o IEBGENER

Comando	*Uso*
JOB	Começa o JOB
EXEC	Começa o IEBGENER
SYSPRINT DD	Define o arquivo sequencial usado para listar os comandos de controle e as mensagens
SYSUT1 DD	Define o Arquivo de entrada
SYSUT2 DD	Define o Arquivo de saída
SYSIN DD	Define a entrada dos parâmetros

Exemplo 1:

```
//PRINT  JOB ...
//STEP1  EXEC  PGM=IEBGENER
//SYSPRINT  DD  SYSOUT=A
//SYSIN      DD DUMMY
//SYSUT1     DD DSNAME=D80.DATA,DISP=SHR
//SYSUT2     DD SYSOUT=A
```

- Neste exemplo, o arquivo sequencial D80.DATA será impresso na classe de saída A.
- O comando SYSIN DD define um dummy data set, ou seja, um arquivo vazio; já que não é necessário especificar nenhum comando de controle do utilitário.

5.3 IEHLIST → Lista diretório de PDS e VTOC de volumes

(É a opção 3.4 do ISPF/PDF)

- Comandos de Controle de JOB para o IEHLIST

Comando	*Uso*
JOB	Começa o JOB
EXEC	Começa o IEHLIST
SYSPRINT DD	Define o arquivo sequencial usado para listar os comandos de controle e as mensagens
ddname DD	Define o dispositivo a ser listado (até 256 por job)
SYSIN DD	Define a entrada dos parâmetros

SINTAXE	***Comando LISTPDS***

[label] LISTPDS DSNAME=(name[,name[,...]])
[,VOL=device=serial]
[,{DUMP|FORMAT}]

- Lista o diretório de um ou mais PDS ou PDSE

SINTAXE	***Comando LISTVTOC***

[label] LISTVTOC [{DUMP|FORMAT[,PDSESPACE]}]
[,INDEXDSN=SYS1.VTOCIX.xxxx]
[,DATE={dddyy|dddyyyy}]
[,VOL=device=serial]
[,DSNAME=(name[,name[,...]])

- Lista a VTOC (Volume Table of Contents) de um volume

Exemplo 1:

```
//LISTPDIR  JOB ...
//STEP1   EXEC PGM=IEHLIST
//SYSPRINT DD SYSOUT=A
//DD1     DD UNIT=SYSDA,VOL=REF=SYS1.NUCLEUS,DISP=OLD
//DD2     DD UNIT=SYSDA,VOL=SER=222222,DISP=OLD
//SYSIN  DD *
  LISTPDS DSNAME=D42.PDSE1,VOL=SYSDA=222222
  LISTPDS DSNAME=(D55.PART1,D55.PART2),FORMAT
/*
```

- Neste exemplo, é listado o diretório do PDSE D42.PDSE1 e os diretórios dos PDSs D55.PART1 e D55.PART2 que residem no mesmo volume que o Nucleus do sistema, pois o VOL não foi informado.

Exemplo 2:

```
//LISTPDIR  JOB ...
//STEP1   EXEC PGM=IEHLIST
//SYSPRINT DD SYSOUT=A
//DD2     DD UNIT=SYSDA,VOLUME=SER=111111,DISP=OLD
//SYSIN  DD *
  LISTVTOC FORMAT,VOL=SYSDA=111111
/*
```

- Neste exemplo, é listada a VTOC do volume 111111.

5.4 IEHPROGM → Manutenção de Biblioteca de Programas

Deleta e/ou renomeia um data set ou um membro de um PDS.

- Comandos de Controle de JOB para o IEHPROGM

Comando	*Uso*
JOB	Começa o JOB
EXEC	Começa o IEHPROGM
SYSPRINT DD	Define o arquivo sequencial usado para listar os comandos de controle e as mensagens
ddname DD	Define o dispositivo a ser utilizado
SYSIN DD	Define a entrada dos parâmetros

SINTAXE	***Comando SCRATCH***

```
[label] SCRATCH {VTOC|DSNAME=name}
                ,VOL=device=(list)
                [,PURGE]
                [,MEMBER=name]
```

- O comando SCRATCH é utilizado para apagar um arquivo ou membro de um volume de disco.
  - **VTOC** → significa que todos os data sets do volume devem ser apagados.
  - **DSNAME** → especifica o nome completo do data set que será apagado, ou o nome do PDS que contém o membro que será apagado.
  - **PURGE** → significa que além do nome do membro ser retirado da VTOC ele é apagado do disco.

SINTAXE	***Comando RENAME***

```
[label] RENAME  DSNAME=name
                ,VOL=device=(list)
                ,NEWNAME=name
                [,MEMBER=name]
```

- O comando RENAME é usado para alterar o nome ou o alias de um data set ou membro que resida num volume de disco.

SINTAXE	***Comando CATLG e UNCATLG***

```
[label] {CATLG|UNCATLG} DSNAME=name
                        ,VOL=device={(list)|(serial,seqno[,...])}
```

- ATENÇÃO: O parâmetro VOL só pode ser codificado para CATLG.
- O parâmetro CATLG é utilizado para catalogar um arquivo e o UNCATLG pra descatalogar. Funciona apenas para arquivos Não VSAM.

<u>Exemplo 1:</u>

```
//SCRDSETS  JOB ...
//STEP1   EXEC PGM=IEHPROGM
//SYSPRINT DD SYSOUT=A
//DD1      DD UNIT=SYSDA,VOLUME=SER=111111,DISP=OLD
//DD2      DD UNIT=SYSDA,VOLUME=SER=222222,DISP=OLD
//SYSIN  DD *
  SCRATCH  DSNAME=SET1,VOL=SYSDA=222222
  UNCATLG DSNAME=SET1
  SCRATCH  DSNAME=A.B.C.D.E,VOL=SYSDA=222222
  UNCATLG DSNAME=A.B.C.D.E
/*
```

- Neste exemplo, são deletados e descatalogados os arquivos SET1 e A.B.C.D.E, ambos no volume de disco 222222.

Exemplo 2:

```
//RENAMEDS  JOB ...
//STEP1   EXEC PGM=IEHPROGM
//SYSPRINT DD SYSOUT=A
//DD2     DD UNIT=(SYSDA,,DEFER),DISP=OLD,
//           VOLUME=(PRIVATE,SER=(222222,333333))
//SYSIN  DD *
  RENAME DSNAME=A.B.C,NEWNAME=NEWSET,                          X
         VOL=SYSDA=(222222,333333)
  UNCATLG DSNAME=A.B.C
  CATLG DSNAME=NEWSET,VOL=DISK=(222222,333333)
/*
```

- O data set A.B.C foi renomeado para NEWSET, descatalogado, e novamente catalogado com o novo nome, nos mesmos discos.

5.5 IEFBR14 → Não executa nada

É um programa útil, não um utilitário. Não executa nada (só tem a instrução BR 14), não exige nenhum DD com nome especial. Serve para, utilizando apenas o JCL dos comandos DD definidos em sua execução, que se faça a alocação e desalocação de arquivos no início de um job ou para apagar arquivos no final.

- Manual: z/OS MVS JCL User´s Guide, SA22-7598

Exemplo :

```
//ALOCADS  JOB ...
//STEP1   EXEC PGM=IEFBR14
//DD1     DD DSN=UCIDS05.TESTE,DISP=(,CATLG),UNIT=SYSDA,
//  VOL=SER=111111,SPACE=(TRK,1),DCB=(LRECL=80,RECFM=FB)
```

- Neste exemplo, simplesmente é alocado o arquivo UCIDS05.TESTE.

5.6 ICKDSF → Usado para inicialização e manutenção de volumes de disco.

- Manual: Device Support Facilities User´s Guide and Reference – GC35-0033.

O **ICKDSF** (Device Support Facilities) é um programa utilizado para executar funções de inicialização, instalação, uso e manutenção de volumes de disco. Também pode ser utilizado para executar funções de análise da performance, detecção de erros e manutenção de mídia.

Usando o ICKDSF para determinação de problemas em DASD.

- comando **ANALYSE** – testa o dispositivo de hardware ou os dados do volume;
- comando **INSPECT** – testa a trilha defeituosa e a substitui por uma trilha alternada e ainda imprime um mapa com as trilhas defeituosas do volume.

Exemplo:

- Inicializando um volume pela primeira vez em modo offline

```
//EXAMPLE  JOB ...
//         EXEC PGM=ICKDSF
//SYSPRINT DD SYSOUT=A
//SYSIN DD *
  INIT UNITADDRESS(0353) NOVERIFY VOLID(VOL123)  -
   OWNERID(PAYROLL)
/*
```

- Inicializando um volume a ser gerenciado pelo **DFSMS**

```
INIT  UNIT(0353) NOVERIFY STORAGEGROUP  -
OWNERID(PAYROLL) VTOC(2,1,10) INDEX(2,11,5)
```

5.7 IDCAMS → Usado para manipular arquivos e catálogos VSAM

- Manual: z/OS DFSMS Access Method Services for Catalogs – SC26-7394

• Job para executar um IDCAMS - Access Method Services

```
//SEUJOB   JOB ...
//STEP1    EXEC  PGM=IDCAMS
//SYSPRINT  DD  SYSOUT=A
//SYSIN  DD  *
  Comandos do IDCAMS e seus parâmetros
/*
```

• Sumário dos comandos AMS:

COMANDOS	*FUNÇÕES*
ALLOCATE	Aloca data sets VSAM e não -VSAM
ALTER	Altera atributos de data sets e catálogos
BLDINDEX	Constrói índices alternativos para data sets já existentes
DEFINE	Define os seguinte objetos: • ALIAS • ALTERNATEINDEX • CLUSTER • GENERATIONTAGROUP • NONVSAM • PAGESPACE • PATH • USERCATALOG • MASTERCATALOG
DELETE	Deleta catálogos, arquivos VSAM e não-VSAM
DIAGNOSE	Examina um BCS ou um VVDS para detectar erros nas estruturas
EXAMINE	Analisa e reporta a consistência estrutural de um index ou de componente de dados de um cluster KSDS
EXPORT	Exporta data sets e catálogos VSAM

EXPORT DISCONNECT	Desconecta user catalogs
IMPORT	Importa data sets e catálogos VSAM
IMPORT CONNECT	Conecta um user catálogos
LISTCAT	Lista entradas dos catálogos
PRINT	Imprime data sets VSAM, não-VSAM, e catálogos
REPRO	• Faz cópias de arquivos VSAM, não-VSAM, user catalogs, master catalogs e volume catalog • Divide entradas de catálogo entre dois catálogos • Junta entradas de catálogos em um outro user ou master catalog
VERIFY	Fecha corretamente um data set VSAM

5.8 DFDSS → Usado para backup e restore

○ Manual: z/OS DFSMSdss Storage Administration Reference – SC35-0424

DFSMSdss (é o antigo DFDSS).

É um utilitário altamente confiável para rapidamente mover, copiar e fazer backup de dados. O Data Set Services (DFSMSdss) é um componente do DFSMS (Data Facility Storage Management Subsystem), e é usado principalmente para:

- **Mover e replicar dados** – oferece funções poderosas para mover ou copiar dados entre volumes de dispositivos de mesmo tipo ou não.
- **Gerenciamento de memória eficiente** – incrementa a performance reduzindo ou eliminando a fragmentação de espaço livre em volumes de disco (função DEFRAG).
- **Backup e recuperação de dados** – provê grande facilidade nas funções de backup e recuperação tanto de arquivos como de volumes (função COPY).
- **Converte data sets e volumes** – converte arquivos e volumes para o gerenciamento do SMS ou vice-versa, sem movê-los.

Exemplo:

Cópia de conteúdo do volume xxx para o volume yyy:

```
//CPxxx      EXEC  PGM=ADRDSSU
//SYSPRINT  DD  SYSOUT=*
//FROM1      DD  VOL=SER=xxx,DISP=SHR,UNIT=SYSDA
//TO1        DD  VOL=SER=yyy,DISP=SHR,UNIT=SYSDA
//SYSIN  DD  *
  COPY INDD(FROM1) OUTDD(TO1) FULL ALLDATA(*) ALLEXCP –
  TOL(IOERROR) COPYVOLID
/*
```

Desfragmentando o volume SCROO1:

```
//DEFRAG  JOB  ...
//STEP1      EXEC  PGM=ADRDSSU,PARM='TRACE=YES'
//SYSPRINT  DD  SYSOUT=*
//SYSIN  DD  *
  DEFRAG DYNAM(SCROO1)
/*
```

Copia todos os arquivos com o HLQ USER2 e USER3:

```
//JOB2      JOB  accountinginformation,REGION=nnnnK
//STEP1   EXEC  PGM=ADRDSSU
//SYSPRINT  DD  SYSOUT=A
//DASD1       DD  UNIT=3390,VOL=(PRIVATE,SER=111111),DISP=OLD
//TAPE          DD  UNIT=3490,VOL=SER=TAPE02,LABEL=(1,SL),
//          DISP=(NEW,CATLG),DSNAME=USER2.BACKUP
//SYSIN  DD  *
  DUMP INDDNAME(DASD1) OUTDDNAME(TAPE)  -
  DATASET(INCLUDE(USER2.**,USER3.**))
/*
```

Lista de Exercícios 6

1) Usando o ISPF/PDF, aloque o arquivo **userid.P02.CNTL** com as seguintes características:

- Unidade tipo **SYSDA** (disco); deixe o sistema escolher o volume.
- Registros tipo **fixo blocado**, registros lógicos de **80 bytes**, tamanho de bloco **zero**.
- Alocação primária **5 trilhas**, alocação secundária **1 trilha**, **30 blocos** de diretório.

Descreva todos os passos executados.

2) Usando o ISPF/PDF, crie no arquivo **userid.P02.CNTL** um novo membro **DADOS01.**

- Inclua 20 linhas com o texto DADOS01.

Descreva todos os passos executados.

3) Usando ISPF/PDF, crie no arquivo **userid.P02.CNTL** um novo membro **DADOS02.**

- Inclua 20 linhas com o texto DADOS02.

Descreva todos os passos executados.

4) Usando ISPF/PDF, crie no arquivo **userid.P02.CNTL** um novo membro **DADOS03.**

- Inclua 20 linhas com o texto DADOS03

Descreva todos os passos executados.

5) No arquivo **userid.P02.CNTL**, crie um membro chamado **JOB**, com um comando JOB especificando:

- jobname = userid mais uma letra
- nome do programador = seu próprio nome
- informação de account = (matrícula do aluno,,5,99)
- Classe de execução = A
- Classe de saída dos Jobs = X
- Todas as mensagens do JCL e do sistema devem ser listadas
- As mensagens de fim de serviço devem ser enviadas para o usuário que submeteu o job.

6) LAB01

No arquivo **userid.P02.CNTL,** crie o membro **LAB01**, com um Job que inclua as etapas abaixo. Copie o comando JOB criado no membro JOB do data set userid.P02.CNTL. Escolha os nomes para cada etapa.

- Etapa 1:

- Executar o programa **IEFBR14**
- Um **DD** com **qualquer nome**, para criar e catalogar o arquivo **userid.P02.PDS1**, em disco tipo **SYSDA**, registros de tipo **fixo blocado** de **80 bytes**, **2 trilhas** de alocação primária, **1 trilha** de alocação secundária, **5 blocos** de diretório

- Etapa 2:

- Executar o programa **IEBGENER**
- Um **DD** com nome **SYSPRINT**, indicando **Sysout** igual a da MSGCLASS
- Um **DD** com nome **SYSUT2**, indicando o arquivo criado na Etapa 1, membro **DADOS01**
- Um **DD** com nome **SYSUT1**, indicando o arquivo **userid.P02.CNTL**, existente, membro **DADOS01**
- Um **DD** com nome **SYSIN**, indicando que é um **arquivo vazio**

7) LAB02

No arquivo **userid.P02.CNTL,** crie o membro **LAB02**, com um Job que inclua as etapas abaixo. Copie o comando JOB criado no membro JOB do data set userid.P02.CNTL. Escolha os nomes para cada etapa.

- Etapa 1:

- Executar o programa **IEBGENER**
- Um **DD** com **SYSPRINT**, indicando **Sysout** igual a da MSGCLASS
- Um **DD** com nome **SYSUT2**, indicando o arquivo **userid.P02.PDS1,** criado no LAB01, membro **DADOS02**
- Um **DD** com nome **SYSUT1**, indicando um arquivo **de Sysin** (dados em linha)

Coloque dados que possam ser considerados como comandos de JCL:

//*** LINHA DE DADOS 1

//*** LINHA DE DADOS 2

//*** LINHA DE DADOS 3

Encerre este arquivo de dados com um **delimitador** adequado.

- Um **DD** com nome **SYSIN**, indicando que é um **arquivo vazio**

- Etapa 2:

- Repita o JCL da Etapa 1, mas faça com que o arquivo **de saída** do IEBGENER seja uma **Sysout** de classe igual à da MSGCLASS.

8) LAB03

No arquivo **userid.P02.CNTL,** crie o membro **LAB03**, com um Job que inclua as etapas abaixo. Copie o comando JOB criado no membro JOB do data set userid.P02. CNTL. Escolha os nomes para cada etapa.

- Etapa 1:

- Aloque e catalogue um arquivo **sequencial** de nome **userid.P02.SEQ1** com as seguintes características:

  - Disco tipo **SYSDA**, deixando o sistema escolher o volume

  - Registro de tipo **fixo blocado**, registros lógicos de **80 bytes**, tamanho de bloco a cargo do sistema

  - **1 trilha** de alocação primária, **sem alocação secundária**

- Etapa 2:

- Executar o programa **IEBGENER**
- **Mensagens** devem ir para a mesma classe do **MSGCLASS**
- Arquivo de **entrada: userid.P02.CNTL** membro **DADOS02**
- Arquivo de **saída: userid.P02.SEQ1** com **DISP=OLD**
- **SYSIN** deve ser considerado **vazio**

- Etapa 3:

- Executar o programa **IEBGENER**
- **Mensagens** devem ir para a mesma classe do **MSGCLASS**
- Arquivo de **entrada: userid.P02.CNTL** membro **DADOS01**
- Arquivo de **saída: userid.P02.SEQ1** com **DISP=OLD**
- **SYSIN** deve ser considerado **vazio**

- Etapa 4:

- Executar o programa **IEBGENER**
- **Mensagens** devem ir para a mesma classe do **MSGCLASS**
- Arquivo de **entrada: userid.P02.SEQ1**
- Arquivo de **saída: Sysout** igual à MSGCLASS
- **SYSIN** deve ser considerado **vazio**

- Examine a listagem do JOB e analise a saída impressa da última etapa. Ela deve mostrar que o arquivo **userid.P02.SEQ1** só contém o membro DADOS01. **Por quê?**

9) LAB04

No arquivo **userid.P02.CNTL,** crie o membro **LAB04**, com um Job que inclua as etapas abaixo. Copie o comando JOB criado no membro JOB do data set userid.P02. CNTL. Escolha os nomes para cada etapa.

- Etapa 1:

- Executar o programa **IEBGENER**
- **Mensagens** devem ir para a mesma classe do **MSGCLASS**
- Arquivo de **entrada: userid.P02.CNTL** membro **DADOS02**
- Arquivo de **saída: userid.P02.SEQ1** com **DISP=MOD**
- **SYSIN** deve ser considerado **vazio**

- Etapa 2:

- Executar o programa **IEBGENER**
- **Mensagens** devem ir para a mesma classe do **MSGCLASS**
- Arquivo de **entrada: userid.P02.SEQ1**
- Arquivo de **saída: Sysout** igual à MSGCLASS
- **SYSIN** deve ser considerado **vazio**

10) LAB05

Verifique em qual **disco** seu arquivo **userid.P02.CNTL** está alocado e liste a VTOC com a opção de **FORMAT**, usando o utilitário **IEHLIST**.

11) LAB06

Renomeie, usando o utilitário **IEHPROGM**, o membro **DADOS03** do arquivo **userid.P02.CNTL** para **DADOS04**.

12) LAB07

Faça um **compress** na sua biblioteca **userid.P02.CNTL**, usando o utilitário **IEBCOPY**.

Respostas da Lista de Exercícios I

1) a) PAGE

2) b) Uma lista de membros a serem selecionados

3) A – RR
B – M
C – A
D – R

4) i9

5) a) Ele consiste de um diretório e de um ou mais membros
b) Também pode ser chamado de biblioteca
d) Cada membro é funcionalmente um arquivo sequencial

6) a) PF1

7)*.*.LOAD

8) LOGOFF

9) PROFILE / CAPS ON

10) C 'JUNHO/08' 'JULHO/2008' ALL

Respostas da Lista de Exercícios 2

1) a) Trilhas
b) Blocos
d) Cilindros

2) d) Uma lista dos data sets catalogados e não catalogados deste volume.

3) a)Você receberá uma lista de data sets.

4) Blocos de Diretório.

5) a) Pode-se copiar um arquivo sequencial.

c) Podem-se copiar membros de um arquivo particionado.

d) Podem-se mover membros de um arquivo particionado.

6) PRE UNIV*

H ALL

7) 3.4

SIFIT.PAG*

SIFIT

SIFIT.**.JUNHO

SIFIT.PAGMTO.A%%%%

*.PAGAMTO.ATUAL.JUNHO – caso não saiba o HLQ. Essa forma porém é pouco recomendada pois exige uma demorada pesquisa por todos os catálogos.

8)

Volume	–	volume onde reside o arquivo
Tracks	–	quantidade de trilhas alocadas para o arquivo
%Used	–	percentual de espaço já utilizado pelo data set
XT	–	número de extents já alocados
Device	–	tipo de dispositivo onde o arquivo foi alocado
Dsorg	–	tipo de organização do data set
Recfm	–	formato do registro
Lrecl	–	tamanho do registro
Blksz	–	tamanho do bloco

9) Na opção 3.3, opção C, informar apenas o nome do PDS e teclar ENTER; na tela seguinte informar o data set de destino e selecionar os membros desejados.

- Na mesma opção, após o nome do PDS especificar entre parênteses: %COB*
- Idem, especificando (*) como nome do membro.

10) Entrar na opção 3.2 do ISPF/PDF especificar R de Rename e o nome do data set que deve ser alterado (TAB.SEQ.DIARIO) e dar ENTER. Na janela que é aberta em seguida especificar o novo nome: TAB.SEQ.MENSAL

Respostas da Lista de Exercícios 3

1) a) //JOB1 JOB (99,PAGAR),JOAO,CLASS=A

c) //JOB3 JOB '99,PAGAR',JOAO,NOTIFY=JOAO

d) //JOB4 JOB (12A75,'DEPT/D58',706),JOAO,TYPRUN=HOLD

Quando o parâmetro account possui caracteres especiais deve ser colocado entre apóstrofos. E quando tiver mais de um subparâmetro deve ser colocado entre parênteses **ou apóstrofos.**

2) O único cartão JOB inválido é a letra d), pois o MSGCLASS foi codificado com os parâmetros de MSGLEVEL, quando o correto seria um dígito alfanumérico.

3) 1 = B

2 = A

3 = C

4) c) para um user TSO especificado

5) a) //LA$TESTC JOB 31SPC03090156W,JOAO,MSGCLASS=12

A classe de saída deve ter apenas um caracter.

Mensagem: IEF642I Excessive Parameter Length in the MSGCLASS field

b) //LA$TESTC JOB 31SPC03090156W,JOAO,MSGLEVL=(1,1)

MSGLEVEL escrito errado.

Mensagem: IEFC630I Unidentified Keyword MSGLEVL

c) //LA$TESTC JOB 31SPC03090156W,

// JOAO,MSGLEVEL=(1,1) MSGCLASS=A

Um espaço em branco indica que o que vem depois é um comentário. Algumas vezes, apesar da sysout não apresentar um erro, ele existe. Este é um exemplo, existe um espaço entre os parâmetros MSGLEVEL e MSGCLASS. O sistema considera o MSGCLASS=A como um comentário e nenhum erro é listado.

d)//LA$TESTC JOB 31SPC03090156W,JOAO,MSGLEVEL=(21)

Falta uma vírgula entre os sub-parâmetros do MSGLEVEL.

Mensagem: IEFC642I Excessive Parameter length in the MSGLEVEL field

e) //LA$TESTC JOB (312,56W),JOAO,MSGLEVEL=(1,1),MSGCLASS=A

Sem erro.

f) //JSPECIAL33 JOB USER33,CLASS=M,MSGLEVEL=(1,0),
// MSGCLASS=X,NOTIFY=USERABA
Jobname com mais de 8 caracteres.
Mensagem: IEFC662I Invalid Label

6) Um exemplo:
//JOB10 JOB (123,PAGA),ANA,CLASS=A,NOTIFY=&SYSUID,TIME=(2,45),
// MSGLEVEL=(1,0),MSGCLASS=T

7) MSGCLASS=T

8) Para o user que estiver logado no TSO e submeter o job.

9) O job fica preso até que o operador o libere.

10) //JOBNAME JOB ACCOUNT,PROGRAMMER
(B,C,A,E,D)

11) e) IEFC624I INCORRECT USE OF PERIOD IN THE MSGLEVEL FIELD.

Respostas da Lista de Exercícios 4

1) a) //STEP1 EXEC PGM=PROG705,
//PARM='DIV=250,LOTE=252,RODADA=3,TIME=18,
// TERRITORIO=CENTRO'
Continuação na coluna 3, deveria ter pelo menos um branco entre o // e o PARM.

b) //ENTRA01 DD DISP=SHR,UNIT=SYSDA,VOL=SER=PROD15,
// DSN=PROJ648.MATERIAL.CONSTRU.ESTRUTUR.NACIONAL.ARQ2
DSNAME com mais de 44 caracteres

c) //SAI DD DSN=FAT.TEMP.ARQ4,DISP=SHR VOL=SER=WORK01
O sistema não detectará erros, 'VOL=SER=WORK01' será considerado um comentário.

2) //STEP6 EXEC PGM=DISKSCX,COND=(4,GT,STEP3)
Como o default é não executar se algum step anterior abendar, e como não foi codificado o subparâmetro EVEN nem o ONLY, este step não executará se algum anterior abendar.

3) **a)** $STEP#5

b) RUN TWO → ERRADO - não pode conter espaço em branco

c) *STEP4 → ERRADO – não pode começar por *

d) EXAMPLE#12 → ERRADO – contém mais de 8 caracteres

4) **c)** //STEP3 EXEC PGM=FIXIT,COND=ONLY

5) A - 3

B - 4

C - 1

D - 2

6) **d)** PARM

7) **d)** Biblioteca de Programas

8) A – 2

B – 1

C - 3

9) b) a) d) c)

b) //PROB1 JOB

a) //JOBLIB DD DSN=MYLIB

d) //STEP1 EXEC PGM=TEST

c) //DD1 DD DSN=ABC

10) **c)** //XYZ DD ...

11) **d)** Um comando EXEC que identifica um nome de programa.

12) **a)** Procura por uma procedure com o nome especificado.

Respostas da Lista de Exercícios 5

1) a) Biblioteca do usuário SMITHLIB

2) d) Biblioteca de Programas

3) a) O programador não codificou um comando DD JOBLIB ou STEPLIB

4) c) IEFC605I UNIDENTIFIED OPERATION FIELD

5) a) JOBLIB
d) STEPLIB

6) //UTILITY EXEC PROC=DELFILE ou //UTILITY EXEC DELFILE

7) submetido – é um **job**, tem cartão JOB

startado – é uma **procedure**, não tem cartão JOB, tem cartão PROC

8) A – 2

B – 1

C - 3

9) A – 3

B – 1

C – 2

10) todos

a) Comando PROC.

b) Um comando EXEC chamando uma procedure.

c) Comandos DD .

d) Comando PEND.

11) //procstepname.DDNAME DD parâmetro=valor

F – D – C – A – B – G – E

12) A - 1

B - 2

13) b) Um comando PROC

Respostas da Lista de Exercícios 6

1) Entrar na opção 3.2, informar na tela inicial o nome do arquivo com a opção A na linha de comando. Na tela seguinte, informar: Device type=SYSDA; Record format=FB; Record length=80; Block size=0; Primary quantity=5; Space units=TRKS; Secondary quantity=1; Directory blocks=30.

2) Opção 2 do ISPF/PDF, preencher o nome do data set e o membro DADOS01. Vai ser aberto um membro vazio. Escrever na primeira linha DADOS01, clicar ENTER e codificar o comando R20 na linha de comando. Clicar ENTER. PF3 para salvar o membro.

3) Idem ao anterior para o membro DADOS02.

4) Idem ao anterior para o membro DADOS03.

5) Selecionar o membro JOB:

```
//UCIDS05A JOB (9903030,,5,99),ANA.BORBA,CLASS=A,
//   MSGCLASS=X,MSGLEVEL=(1,1),NOTIFY=&SYSUID
```

6)

```
//UCIDS05A JOB (994039340,,5,99),ANA.BORBA,CLASS=A,
//  MSGCLASS=X,NOTIFY=&SYSUID,MSGLEVEL=(1,1)
//STEP1 EXEC PGM=IEFBR14
//DD1  DD DSN=UCIDS05.P02.PDS1,UNIT=SYSDA,
//  DISP=(NEW,CATLG),DCB=(RECFM=FB,LRECL=80),
//  SPACE=(TRK,(2,1,5))
//*
//STEP2  EXEC PGM=IEBGENER
//SYSPRINT DD SYSOUT=*
//SYSUT2 DD DSN=UCIDS05.P02.PDS1(DADOS01),DISP=SHR
//SYSUT1 DD DSN=UCIDS05.P02.CNTL(DADOS01),DISP=SHR
//SYSIN DD DUMMY
```

7)

```
//UCIDS05B JOB (994039340,,5,99),ANA.BORBA,CLASS=A,
//  MSGCLASS=X,NOTIFY=&SYSUID,MSGLEVEL=(1,1)
//STEP1  EXEC PGM=IEBGENER
//SYSPRINT DD SYSOUT=*
//SYSUT2 DD DSN=UCIDS05.P02.PDS1(DADOS02),DISP=SHR
//SYSUT1 DD DATA,DLM=@@
//***  LINHA DE DADOS 1
//***  LINHA DE DADOS 2
//***  LINHA DE DADOS 3
@@
//SYSIN DD DUMMY
//*
```

```
//STEP2  EXEC PGM=IEBGENER
//SYSPRINT DD SYSOUT=*
//SYSUT2 DD SYSOUT=*
//SYSUT1 DD DATA,DLM=@@
//***  LINHA DE DADOS 1
//***  LINHA DE DADOS 2
//***  LINHA DE DADOS 3
@@
//SYSIN DD DUMMY
```

8)

```
//UCIDS05C JOB (994039340,,5,99),ANA.BORBA,CLASS=A,
//   MSGCLASS=X,NOTIFY=&SYSUID,MSGLEVEL=(1,1)
//STEP1 EXEC PGM=IEFBR14
//ALOC  DD DSN=UCIDS05.P02.SEQ1,DISP=(NEW,CATLG),
//   DCB=(RECFM=FB,LRECL=80),UNIT=SYSDA,SPACE=(TRK,1)
//*
//STEP2  EXEC PGM=IEBGENER
//SYSPRINT DD SYSOUT=*
//SYSUT1 DD DSN=UCIDS05.P02.CNTL(DADOS02),DISP=SHR
//SYSUT2 DD DSN=UCIDS05.P02.SEQ1,DISP=OLD
//SYSIN DD DUMMY
//*
//STEP3  EXEC PGM=IEBGENER
//SYSPRINT DD SYSOUT=*
//SYSUT1 DD DSN=UCIDS05.P02.CNTL(DADOS01),DISP=SHR
//SYSUT2 DD DSN=UCIDS05.P02.SEQ1,DISP=OLD
//SYSIN DD DUMMY
//*
//STEP4  EXEC PGM=IEBGENER
//SYSPRINT DD SYSOUT=*
//SYSUT1 DD DSN=UCIDS05.P02.SEQ1,DISP=SHR
//SYSUT2 DD SYSOUT=*
//SYSIN DD DUMMY
```

O arquivo UCIDS05.P02.SEQ1 só contém os dados DADOS01, pois foi utilizado disp=old, o que fez com que os dados anteriores fossem substituídos.

9)
```
//UCIDS05D JOB (994039340,,5,99),ANA.BORBA,CLASS=A,
//  NOTIFY=&SYSUID,MSGLEVEL=(1,1),MSGCLASS=X,
//STEP1  EXEC PGM=IEBGENER
//SYSPRINT DD SYSOUT=*
//SYSUT1 DD DSN=UCIDS05.P02.CNTL(DADOS02),DISP=SHR
//SYSUT2 DD DSN=UCIDS05.P02.SEQ1,DISP=MOD
//SYSIN DD DUMMY
//*
//STEP2  EXEC PGM=IEBGENER
//SYSPRINT DD SYSOUT=*
//SYSUT1 DD DSN=UCIDS05.P02.SEQ1,DISP=SHR
//SYSUT2 DD SYSPRINT=*
//SYSIN DD DUMMY
```

10) Opção 3.4 do ISPF/PDF, informa o nome do arquivo, InitialView=1 (Volume).
```
//UCIDS05E JOB (887695,,5,99),ANA.BORBA,CLASS=A,
//  MSGCLASS=X,MSGLEVEL=(1,1),NOTIFY=&SYSUID
//ST1 EXEC PGM=IEHLIST
//SYSPRINT DD SYSOUT=*
//DD1 DD UNIT=SYSDA,VOL=SER=Z18CA0,DISP=OLD
//SYSIN DD *
  LISTVTOC FORMAT,VOL=3390=Z18CA0
/*
```

11)
```
//UCIDS05F JOB (994039340,,5,99),ANA.BORBA,CLASS=A,
//  NOTIFY=&SYSUID,MSGLEVEL=(1,1),MSGCLASS=X
//STEP1  EXEC PGM=IEHPROGM
//SYSPRINT DD SYSOUT=*
//DD1 DD VOL=SER=Z18CA0,DISP=OLD,UNIT=3390
//SYSIN DD *                                          col.72
  RENAME VOL=3390=Z18CA0,DSNAME=UCIDS05.P02.CNTL,      X
               NEWNAME=DADOS04,MEMBER=DADOS03
/*             col.16
```

12)
```
//UCIDS05G JOB (994039340,,5,99),ANA.BORBA,CLASS=A,
//  NOTIFY=&SYSUID,MSGLEVEL=(1,1),MSGCLASS=X,
//STEP1 EXEC PGM=IEBCOPY
//SYSPRINT DD SYSOUT=*
//SYSUT1   DD DSN=UCIDS05.P02.CNTL,DISP=SHR
//SYSUT2   DD DSN=UCIDS05.P02.CNTL,DISP=SHR
//SYSIN    DD DUMMY
//*
```

Bibliografia

Bibliografia Básica

BROW, Gary DeWard. JCL Sistema/370.

Enterprise Server Introduction to Programming – OS390JCL (Academic Initiative).

ISPF: z/OS Basic Interfaces (Academic Initiative).

Redbook: Introduction to the New Mainframe: z/OS Basics (SG24-6366)

ABCs of z/OS System Programming Volume 1 (SG24-6981).

ABCs of z/OS System Programming Volume 3 (SG24-6983).

Biliografia Complementar

z/OS VnRnnMVS System Messages Vol 8 (IEF-IGD) (SA22-7638)

z/OS VnRn ISPF User's Guide Vol I (SC34-4822)

z/OS VnRn ISPF User's Guide Vol II (SC34-4823)

z/OS VnRn SDSF Operation and Customization (SA22-7670)

z/OS VnRn MVS JCL User's Guide (SA22-7598)

z/OS VnRn MVS JCL Reference (SA22-7597)

z/OS DFSMSdfp Utilities (SC26-7414)

z/OS DFSMS Using Data Sets (SG26-7410)

z/OS DFSMSdss Storage Administration Reference (SC35-0424)

Os manuais referenciados acima, assim como toda a biblioteca básica do z/OS, podem ser obtidos no site "z/OS Internet Library", localizado em :

http://www-03.ibm.com/systems/z/os/zos/bkserv/

Como citado ao final da Seção 4.1.1, normalmente utilizamos apenas um pequeno subconjunto dos comandos e parâmetros de JCL, cerca de 10%, para 90% dos serviços que queremos utilizar, e por essa razão alguns deles não foram citados nesta publicação.

A consulta e utilização frequente dos manuais listados nessa Bibliografia é, portanto, indispensável.

Impressão e acabamento
Gráfica da Editora Ciência Moderna Ltda.
Tel: (21) 2201-6662